新时代开启中的金融改革

结构重整与制度创新

潘英丽　黄益平　主编

格致出版社　上海人民出版社

序

　　近年来，中国经济的高杠杆与系统性风险的积累已引起国内外的高度关注。金融乱象与金融风险的积累很大程度上与金融体制的扭曲有关。党的十九大报告在讨论现代经济体系建设的部分中，对金融改革的任务作了具体的阐述："深化金融体制改革，增强金融服务实体经济能力，提高直接融资比重，促进多层次资本市场健康发展。健全货币政策和宏观审慎政策双支柱调控框架，深化利率和汇率市场化改革。健全金融监管体系，守住不发生系统性金融风险的底线。"如何准确把握当前的经济、金融形势？如何推进金融体制改革以及相应的配套改革，才能守住不发生系统性金融风险的底线，并提高金融服务实体经济的能力和效率？2017 年 11 月 12 日，北京大学国家发展研究院"中国经济开放论坛"和"朗润·格政"论坛联合召开了题为"十九大后的金融改革"的闭门研讨会，对此作了系统深入的探讨。

　　"中国经济开放论坛"是由上海交通大学安泰经济与管理学院和北京大学国家发展研究院联合主办的一个学术与政策研究论坛。论坛具有开放性，没有学科专业、理论流派和研究范式的限制，由关注和研究中国经济的海内外学者、政府部门和实业界的经济学家共同参与。论坛不定期地在上海和北京等地举行专题研讨会，对中国经济改革发展过程中的重大理论、实践和趋势性问题进行多视角的研讨和交流。会议论文以论文集方式公开出版，以供学者、政府决策部门和实业界系统研究中国经济问题时参考。"朗润·格政"是北京大学国家发展研究院讨论公共政策问题的学术交流平台，本次闭门会议已是其举办的第 93 期学术活动。

本论文集收集了会议论文和部分特邀专家所撰写的论文 14篇，组成了三个研究专题。

第一篇"宏观背景与金融改革总论"共收录五篇论文，侧重讨论了金融改革、债务周期及其与宏观经济的关系，以及系统性金融风险的系统性应对策略，给十九大后的金融改革提供了问题导向和改革方向双重视角的宏观框架分析。

《金融如何有效服务经济与社会发展》（潘英丽）一文理论结合实际系统探讨了金融服务实体经济和社会发展的基本条件。作者认为，社会分工的复杂性和未来的不确定性使家庭丧失了直接投资能力，这是金融业存在的理由，也是金融业内部专业化分工不断发展的原始动力；因此家庭是投资的最终委托人，而金融业本质上是投资中介服务业。货币信贷资本实际上是对社会稀缺生产资源的支配和使用权，货币信贷资本配置的有效性决定着社会资源配置的有效性；中国金融凭借国家信用的支撑在推进高杠杆经济增长方面具有"成也萧何、败也萧何"的效应。资金的集中和让渡，使更多社会资源从闲置或低效率使用状态转移到高效率用途中，从而在社会资源总量不变的条件下使高效率生产部门创造出社会新增财富，也即社会剩余价值或广义利息，它们来源于资源配置的优化。反之，金融资源错配会导致产能过剩和资产泡沫，从而积累起系统性风险。金融GDP 并非金融业对 GDP 的贡献而只是金融业运行中占用的社会资源。金融业获得的广义利息份额已超出合理水平，并且超额部分的获取是以金融资源错配为前提的。资本是无条件逐利的，金融"普惠性"则需要条件：稳定的货币信用环境，个人和企业信用的共享机制，通过法律强化金融机构的社会责任，并实施有效的金融监管。金融有效服务实体经济的条件是：以保护私产和防范商业欺诈方式培育和发展有效率的企业组织，以解决为谁服务的问题；以放宽市场准入、强化市场和法律的双重约束并通过解除人力资本瓶颈等方式拓宽产业投资渠道；同时要求转变政府的职能，加快退出金融的第二财政功能与政府的信用担保功能。

《未来我国财政金融体制的改革取向》（殷剑峰）一文在财政分权理论和金融发展理论的框架下梳理了我国财政和金融体制的演化路径以及现行财政金融体制导致的问题，并就未来"自上而下"改革的基本方向和原则提出了"顶层设计"思路。作者认为，我国的财政金融体制存在从集权到分权的两轮演变。2003 年以来再次出现增长型财政下的财政分权和金融约束弱化导致的金融分权趋势；各项经济活动都表现为对土地的依赖，形成了土地财政、土地金融和土地 GDP；而基于土地的财政、金融和经济增长都已不可持续。这种体制正在形成潜在的、不可忽视的系统性金融风险。我国也面临着欧元区同样的"不可能三角"：金融系统统一、金融分权和保持金融系统稳定。统一和稳定的金融系统是我们必然的选择，因此，金融分权趋势必须扭转。改革的方式不能是碎片化和"自下而上"的，必须是财政和金融体制同时进行的系统性改革。改革方向应该是基于公共财政的财政分权和基于金融市场化体制的金融集权。这里，"援助之手"到"无形之手"的转变是根本：财政体制必须从增长型财政转向公共财政；金融体制必须从金融约束转向金融的市场化体制。

《中国渐行渐近的金融周期》（彭文生）一文在金融周期分析框架下，联系金融和实体、总量和结构，提供了一个从金融看宏观经济的全景式分析。作者认为，一个完整的金融周期大致持续 15—20 年，其代表性指标银行信贷和房地产价格显现中期波动趋势。2017 年美国金融周期缓慢上行，欧元区金融周期见底，中国金融周期则接近顶部，也是金融风险最大的时候。中国发生金融危机的概率较小，但金融周期加剧了中国经济结构的失衡，严重挤压实体经济，加大贫富差距。中国在一次分配中存在的权力寻租和地价上升是致使实业成本上升的两大扭曲因素；在二次收入分配中，财政支出对个人转移支付过低，与投资相关的专项转移过高；税收结构存在对劳动征税而对资本不征税；对消费征税而对投资不征税；以及低收入家庭实际税率过高等问题。未来要降低专项转移支付，增加一般性转移支付；提高直接税比重，开征房地产税。改善发展不平衡、促进公平，有利于促进金融周期转向调整。货币金融政策的调控和加强金融监管是另一大方向。2018 年的可能政策组合是稳货币、紧信用，财政适度宽松。经济增长放缓，但这是好事，有利于促进金融周期转向和改善经济结构。

《"债务—通缩"还是"债务—通胀"》（伍戈、詹硕、林雍钊）一文，从中国非金融部门负债占 GDP 比例已超过日本泡沫破灭和美国次债危机爆发时期的现实出发，探讨了债务与通货膨胀及债务与通缩的关系。文章从各国历史数据的观察中发现债务对于物价的长短期影响是不一致的。从长期趋势看，高债务国家普遍通胀水平较低，甚至发生通缩；其客观机理在于债务的长期累积导致借款者还本付息压力增大并与资本回报率的边际递减一起导致其投资或消费支出的减少；而银行基于对借款者资产负债状况恶化及高债务不可持续的担心，往往收紧放款条件进而抑制融资需求，导致通货紧缩的发生。而债务短期增长率较高的国家，其通胀率则相对较高。在政策利率下降和货币信贷宽松的宏观刺激下，微观主体进一步增加债务杠杆，投资、消费出现短期"脉冲式"增长，社会信用扩张引致价格水平上升。中国的高债务状况短期内难以迅速改变，债务水平仍将高位维持一段时间。长期来看中国债务——通缩风险不容小觑，通缩阴影的彻底摆脱取决于未来债务杠杆的去化程度。目前，在去产能、金融去杠杆及房地产去库存调控下，债务短期增速已呈现边际放缓迹象，这将对未来 PPI 产生滞后的下行压力。

《防范系统性风险需要系统性的策略》（黄益平）一文探讨了系统性金融风险的形成原因与系统性应对的策略。作者认为，过去 40 年中国金融体系的相对稳定主要源于经济的持续高增长和政府的隐性担保。现在政府隐性担保越来越难，经济增速趋缓，杠杆率快速上升，新型金融风险露头以及监管存在缺陷等因素正在造成系统性金融风险的上升。头痛医头、脚痛医脚的做法不能解决根本性问题，系统性金融风险需要系统性策略来应对。要让市场决定金融资源的定价与配置，强化市场纪律，该违约的违约，该破产的破产；要发展多层次资本市场，支持实体经济发展，有效控制杠杆率的上升；"金稳委"应加强政策统筹，统一监管标准，做到金融监管全覆盖，协调各部门的经济、金融政策;监管框架宜转向审慎监管与行为监管适当分离的"双峰"模式,尽快从机构监管转向功能、审慎和行为监管,并将金融发展的责任从监管部门分离出去;同时应适当平衡创新与稳定的关系,不搞"一刀切"。

第二篇"灰犀牛:金融风险排查与防范"共五篇论文,分别从非金融企业、政府预算与广义债务、房地产泡沫与影子银行以及供给侧改革动态过程中可能出现的金融风险等方面系统排查了当前中国系统性金融风险的现状与隐患,并对如何应对提出了相应思路。

《中国非金融企业偿债成本分析》(王戴黎)一文认为,企业偿债成本是一个比债务占 GDP 比例更好的金融系统性风险与金融危机的预警指标。文章对非金融企业部门中工业企业、国有企业和房地产开发企业的偿债成本进行了估算,国有企业偿债成本在 2015 年和 2016 年均突破 100%,平均意义上讲可支配收入已不足以对其债务还本付息,未触发大范围违约可能是债务偿还款期限大于假设的 13 年,或者本金无须偿还。文中以情景假设模拟分析探讨了不同货币政策取向下国有企业和房地产开发企业偿债成本的变化。货币政策紧缩可限制企业贷款余额的增加,但也将同时降低可支配收入,导致偿债成本最终不降反升。如何通过货币政策和宏观审慎政策"双支柱"在未来抑制企业杠杆率增长、保持可支配收入不受到显著负面冲击,将成为未来去杠杆工作中需要重点考虑的问题。

《我国政府预算体系与广义债务》(何知仁)一文指出系统性金融风险的积累与地方政府的软预算约束以及过度举债密切相关。因此,加快财政体制改革是防范和化解系统性金融风险的应有之义。文章着重梳理了我国政府预算和广义债务的现状,结论是截至 2016 年底，我国政府的债务水平已略超《马约》划定的 3% 赤字率和 60% 负债率的"警戒线"。2017 年两者有望保持稳定。未来必须优化中央与地方支出责任的划分、硬化政府预算约束并健全地方税收体系。

《房地产泡沫与金融风险防范》（陈杰）一文从土地拍卖的案例分析入手，系统阐述了房价地价泡沫生成的经济、金融、政治和市场逻辑，指出房价地价暴涨和房价泡沫化现象对房地产市场健康、金融体系安全和宏观经济稳定都有很强的破坏性，需要高度警惕。对房价地价泡沫化现象的根本性治理需要从经济发展模式、投融资模式、土地供应模式、房地产市场治理模式、住房政策价值导向等多个角度入手。但防范又一轮房价暴涨则要求政府建立楼市预警机制，对过热倾向表明立场；明确目标，冷却市场预期；对相关金融创新举措实施有保有压；中央政府可以确立以房价增长率上限或住房保障为核心的考核指标体系，让地方政府因城施策。

《中国的影子银行：风险、规制与政策》（沈伟）一文对影子银行的基本特征、形成原因及其高风险性做了系统分析。文章指出，影子银行的复杂性对金融结构、市场机理和制度规范提出了深刻的挑战和更高层次的要求。考虑到私营企业融资很难完全脱离影子银行，政府应对影子银行有序规范，适度规制，而不应完全遏制其发展。影子银行的表外业务表内化是监管部门的规制重心。金融监管部门应把对影子银行的调控和金融业改革结合起来，构建网状金融监管体系，削弱银行在融资渠道中的主导地位，重塑中国金融市场和监管形态。在金融司法审判时需适度控制裁判民间融资活动的刑事法边界；有步骤地调整与修改遏制和惩戒民间金融活动的司法解释，修改健全重要金融法律，对转型中的金融市场作出针对性的回应。地方立法机关也应进行有效的立法创新，面向地方性问题进行立法规制，规范地方金融有序发展。

《防范和化解供给侧结构性改革中的金融风险》（黄益平、王勋）一文运用国际流行方法和国际清算银行的债务/GDP 缺口指标对我国金融系统性风险进行评估，发现系统性风险在2015 年和 2016 年处于高位，之后总体上已得到控制。作者排查和讨论了信贷支撑的一线城市房地产泡沫，影子银行风险在东北和资源衰退地区的相对集中，以及互联网金融的风险特征和人民币汇率贬值预期引起的资本外流等问题，建议加强对全国性中型银行和区域性金融机构的风险监测；采取措施降低理财产品过高收益率和影子银行的业务风险；尽快消除金融体系的扭曲因素，提升金融监管的有效性，通过提升效率来增强金融体系防范和化解风险的能力。

第三篇"金融与监管制度改革"由四篇论文构成，分别探讨了银行业结构改革、股票市场注册制改革、债券市场存在的问题与未来变革以及金融监管制度变革问题。

来自一线的银行高管宋志青博士在《亟待深化的银行业结构性改革》一文中系统分析了金融市场与银行体系流动性趋紧的问题及其形成原因，并对银行业结构改革提出了相应的建议。他认为，政府控制金融资源的同时承担着对银行风险兜底的责任，助长了商业银行对政府信用的严重依赖，进而导致资产质量与流动性下降的困境。他建议以市场准入牌照为资源，以吸收存量银行网点为手段，以服务中小企业为目标，吸引增量资本进入银行业，以此优化资产质量，降低总体杠杆率，形成更健康的商业银行的生态链；进一步推动国有商业银行的结构性重组，主动退出县域市场和中小客户，转向科技化、批量化、批发性的业务，更多承担稳定银行业生态圈的主体责任；以更严格的"资本约束"、更科学的"存款保险制度"、更开放的混业经营和更协调的分业监管、更完善的司法体系，打破"刚性兑付"，提升金融市场管理风险的能力，提升金融业服务实体经济的能力。

《注册制改革：中国资本市场的"Big Bang"》（刘胜军）一文分析了作为股市乱象之源的 IPO 审批制问题，阐述了注册制的本质及其改革推进面临的障碍和主要问题。文章指出，无论从服务经济转型的改革大局出发，还是从资本市场内在规律出发，资本市场都需要来一场深刻的制度性改革，而其核心就是 IPO 注册制。只有监管者回归监管本源，资本市场才能回归服务实体经济的本源。IPO 注册制方向虽明，推行依然艰难。影响注册制改革的不仅是修法进程，更在于"股指情结"，监管依然是短板。证监会应该把握好自身定位：（1）敬畏法律与规则：稳定股市，关键是稳定长期预期，后者要求维护法律与规则的严肃性和一致性。（2）敬畏市场：股市发展到如今规模，动辄上万亿的成交量，已非监管者可以操控的工具。（3）明确表态不以股价指数为政策目标：我们切不可把股市的系统性风险等同于金融体系的系统性风险。（4）回归监管主业：要对违法违规行为零容忍，无论违法者的后台有多硬，都必须一查到底，以坚持股市三公原则。

《从债券市场开放浅议建设更高层次开放型金融市场》（万泰雷、陈夙）一文以债券市场开放为视角，概括了高层次开放型金融市场的主要特征，阐述了债券市场开放与更高层次开放型金融市场建设的关系，总结了我国债券市场开放的现状与问题，提出了通过政策工具箱的运用实现债券市场对外开放，建设更高层次开放型金融市场的建设性意见。文章指出，债券市场对外开放过程中仍然面临诸多问题。在会计准则与审计监管、信用评级体系标准、信息披露的内容、语言、频率和相关法律适用性以及仲裁与诉讼等方面都存在与国际规则的差异。如何处理好这些差异，把握好掌握规则主权、保护本土投资者利益与国际规则接轨之间的平衡，以开放促改革，这对监管者是重要考验。政府及监管部门需要不断总结调整，灵活运用流动性提升工具、基础设施工具、行政管理工具、税收工具和软环境建设等政策工具做好各种场景应用，动态把握债券市场对外开放的节奏和方向，推动建设更高层次开放型的金融市场。

《金融监管改革：为什么改？如何改？》（钱军辉）一文对金融监管改革提出了重要思路。金融监管改革的首要任务是提高金融监管的全面性。监管对象需扩大至各类金融活动的机构和个人，避免监管空白。除严格监视和惩处违法违规行为外还需甄别异常经营行为，防患于未然。对金融控股集团需实行综合监管，以消除监管漏洞和监管套利，提高监管效率。兼顾金融监管的专业性和全面性，要求调和（tradeoff）分业监管模式和统一监管模式，需强化分业监管部门之间的协调机制，建立有效的信息共享机制。新协调机制可设置接受人大或国务院授权和问责的负责人，拥有对分业监管团队进行监督和问责的权力，并可参考"金融卫士"构想建立对监管机构以及协调机制进行监督的独立机构，定期向社会发布金融监管的评估报告，提出监管改革方向性建议。以新协调机制负责人为首建立统一的研究中心，以长聘制聘用国内外人才开展独立研究，为所有监管团队提供支持。监管部门的人事制度应与对独立性的要求相契合，应打破编制和行政级别的限制，允许高级监管人员来自市场和重返市场，并辅以参考市场标准的薪酬体系。

　　以上是对专家主要观点的总结，挂一漏万，权作论文集内容索引，供读者参考和批评。

潘英丽、黄益平

2018 年 3 月

作者简介

陈 杰

经济学博士，上海财经大学讲座教授，校学术委员会委员，校高等研究院院长助理，不动产研究所执行所长，公共政策与治理研究院首席专家，公共经济与管理学院投资系博士生导师。瑞典乌普萨拉大学房地产与城市研究所兼职研究员。华东师范大学兼职教授，上海金融学院特聘教授。曾在复旦大学管理学院任教多年，并创办和长期主持复旦大学住房政策研究中心。目前兼任国际城市研究基金会（Urban Studies Foundation）董事，亚太住房研究网络（APNHR）执委会成员，城市土地学会(ULI)中国大陆顾问委员会委员，世界华人不动产学会理事和中国建筑学会建筑经济分会学术委员会委员等职。任International Journal of Housing Policy 编委会国际顾问，亚洲不动产学会会刊 International Real Estate Review 副主编，世界华人不动产学会会刊《不动产研究》执行副主编。荣获上海市"曙光学者"、上海市房地产行业首批领军人才、上海市"浦江人才"称号。

陈 夙

北京师范大学经济与工商管理学院在读博士研究生，北京师范大学研究生会副主席。主要研究方向为国际金融、货币理论与政策、资本市场。已发表多篇学术论文。

何知仁

上海交通大学金融学博士，美国哥伦比亚大学访问学者。现任上海发展研究基金会研究员。曾任兴业研究公司宏观分析师。

黄益平

经济学博士，北京大学国家发展研究院副院长，金光经济学讲座教授、北京大学数字金融研究中心主任。主要研究领域为宏观经济、金融改革与国际金融。现任中国人民银行货币政策委员会委员、国务院参事室金融研究中心研究员，同时兼任澳大利亚国立大学克劳福特公共政策学院 Rio Tinto 中国经济讲座教授，中国金融 40 人论坛成员（任学术委员会主席），中国经济 50 人论坛成员，英文学术期刊 *China Economic Journal* 主编和 *Asian Economic Policy Review* 副主编。曾任国务院农村发展研究中心发展研究所助理研究员，澳大利亚国立大学高级讲师和中国经济项目主任，哥伦比亚大学商学院 General Mills 经济与金融国际访问教授，花旗集团董事总经理、亚太区首席经济学家，Serica 投资基金董事，财新传媒首席经济学家，巴克莱董事总经理、亚洲新兴市场经济首席经济学家，以及中国人寿股份有限公司、五矿信托有限公司和阿里巴巴主导的网商银行的独立董事。

刘胜军

经济学博士，中国金融改革研究院院长，刘胜军微财经创始人。曾任职于深圳证券交易所综合研究所。2002 年加入中欧国际工商学院，任中欧案例研究中心副主任、中欧陆家嘴国际金融研究院执行副院长。2014 年 7 月应邀出席李克强总理主持召开的经济形势座谈会，并作了题为《经济改革与转型发展》的专题发言。主要研究领域包括经济转型、经济与金融改革、金融科技。著作有：《下一个十年：一个青年经济学者的改革梦》、《谁伤了你的幸福：变革时代的纠结、迷惘与不公》、《管理的力量：中国经济挑战的制度求解》、《鲜花与荆棘：探寻中国企业全球化之路》、《中欧案例经典》、*China CEO：A Case Guide for Business Leaders in China*、*The Globalization of Chinese Companies：Strategies for Conquering International Markets*。经常接受国内外媒体采访，包括新华社、《人民日报》、第一财经电台、《纽约时报》、BLOOMBERG、CNBC、美国国家公共电台 NPR、《经济学人》、BBC、NHK、《华尔街日报》、《英国卫报》、《凤凰卫视》、《外交家》、《沃顿知识在线》、《英才》、《新京报》、《华夏时报》等，曾受邀出席由欧洲理事会主席范龙佩与欧盟委员会主席巴罗佐共同主持的工作午餐会。同时还是达沃斯论坛、陆家嘴论坛的演讲嘉宾。

潘英丽

上海交通大学现代金融研究中心主任，安泰经济与管理学院教授，上海市政府决策咨询研究基地潘英丽工作室首席专家，中国世界经济学会常务理事，上海市世界经济学会副会长。主要研究领域为宏观经济学、国际金融理论与政策。近期主要成果有：《国际金融中心：历史经验与未来中国》（2010，三卷本）、《十字路口的金融体系：国际经验与中国选择》（2013，中英文国际论文集，主编之一）、《国际货币体系未来变革与人民币国际化》（2014，三卷本）。1996 年因为发展我国社会科学教育事业作出的突出贡献，获得国务院特殊津贴。2002—2011 年担任中国海运集团公司专家委员会委员。2011 年以来担任招商银行独立董事。

彭文生

经济学博士，国家"千人计划"专家。现任光大证券全球首席经济学家、光大集团研究院副院长。曾任中信证券全球首席经济学家，中国国际金融有限公司首席经济学家，巴克莱资本首席中国经济学家，香港金融管理局经济研究处和中国内地事务处主管，国际货币基金组织（IMF）经济学家。现兼任香港外汇基金咨询委员会辖下货币发行委员会委员，中国金融40人论坛成员，中国金融论坛创始成员，首席经济学家论坛副理事长，清华大学五道口金融学院研究生导师，南开大学兼职教授。在国际学术期刊发表多篇论文，出版多部中英文著作。2013年出版《渐行渐远的红利——寻找中国新平衡》，并于2015年获第一届"孙冶方金融创新奖·著作奖"，2017年6月出版最新著作《渐行渐近的金融周期》。

钱军辉

经济学博士，上海交通大学安泰经济与管理学院经济系副教授（Tenured）、博士生导师，本科生项目学术主任，研究领域包括计量经济学、国际金融、货币政策等。在 *Journal of Econometrics*、*Journal of American Statistical Associations* 等国际顶级学术期刊发表多篇论文，曾参与主编国际论文集《十字路口的金融体系：国际经验与中国选择》，并多次在《东方早报》《文汇报》等媒体发表见解。

沈 伟

法学博士，美国纽约州执业律师，山东大学法学院教授、博士生导师、美国纽约大学法学院全球法学教授、上海市高校东方学者特聘教授。主要研究领域包括国际投资法、公司治理、金融规制以及国际商事仲裁。已经出版 14 本中英文著作，参与出版 28 本中英文著作，发表 150 余篇英文和中文学术论文，其中在《中国法学》《法学研究》《中外法学》《清华法学》等核心期刊发表论文 40 余篇；多篇论文被《新华文摘》《中国社会科学文摘》《人大复印资料》《社会科学文摘》等转载；英文论文被新加坡最高法院判决引用。主持国家社科基金、中国法学会、香港特别行政区政府、澳门特别行政区政府等国家级、省部级、国际和横向课题十余项，研究报告获得好评，取得良好社会效果。现任《中国国际法杂志》（牛津大学出版社）、《东亚和国际法期刊》、《中国比较法期刊》（牛津大学出版社）、《欧洲商业法律评论》（荷兰威科集团）、《中国和世界贸易组织评论》（韩国）、《中国法学》（英文版）编辑或编委，是数十本 CSSCI 期刊和 SSCI 期刊的匿名评审。现任美国纽约州执业律师，中国香港国际仲裁中心、新加坡国际仲裁中心、上海国际仲裁中心、深圳国际仲裁院、中国国际经济贸易仲裁委员会和上海仲裁委员会的仲裁员，并兼任山东省人民政府法律顾问（2016—2018）和山东国际仲裁中心理事长（2017—2019）。

宋志青

华东师范大学国际经济学博士。1997 年 7 月进入上海浦东发展银行工作至今，长期在银行基层工作。历任苏州分行、青浦支行见习行长，嘉定支行副行长，期交所支行、金山支行、徐汇支行行长。现任青浦支行行长。

王戴黎

Symmetry Investments 经济学家，中国金融 40 人论坛青年学者。曾经担任 Guard Capital 亚洲经济学家，Roubini Global Economics 东北亚高级经济学家、国际货币基金组织研究员，哥伦比亚大学商学院 Chazen Institute 访问学者。发表论文登载于国际货币基金组织工作论文集、亚洲开发银行工作论文集、*China Economic Journal*、世界经济、管理世界等国内外知名期刊。获得北京大学经济学博士（国家发展研究院）和北京大学理学学士（数学学院）学位。

王　勋

北京大学国家发展研究院助理研究员。主要研究领域为宏观经济、金融改革与国际金融。曾经担任瑞典斯德哥尔摩经济学院博士后研究员、中共中央对外联络部三秘。在 *Oxford Bulletin of Economics and Statistics*，*China Economic Review*，*Growth and Change* 以及中国社会科学、经济研究等中英文期刊发表论文多篇。2011 年获得北京大学经济学博士学位。

万泰雷

现任中国银行间市场交易商协会（以下简称"协会"）国际部主任，负责银行间债券市场对外开放、熊猫债和自贸区债券市场发展、国际交流与合作等工作。曾兼任协会市场创新部主任，任职于中信证券债券业务线，外交部翻译司和新闻司。万泰雷致力于推动外国主权政府和境外非金融企业进入银行间债券市场注册发行熊猫债。同时，他还积极将债券市场开放工作与国家战略相结合，推动债券市场发展服务于"一带一路"建设和自贸区战略实施。此外，他还致力于积极拓展并建立交易商协会与国外政府机构、监管机构和自律组织之间的联系。万泰雷拥有北京师范大学金融学博士学位，在国际合作和金融市场尤其是债券市场研究领域有丰富经验。

伍　戈

经济学博士，研究员。现任华融证券首席经济学家。曾长期供职于中国人民银行货币政策部门，并在国际货币基金组织（华盛顿）担任经济学家。伍戈博士是中国经济学最高奖——孙冶方经济学奖得主（2017 年），还是刘诗白经济学奖获得者（2012 年）、浦山政策研究奖获得者（2017 年）。曾获中国金融学会全国优秀金融论文一等奖、金融图书"金羊奖"、中国人民银行重点研究课题一等奖等奖励。

殷剑锋

对外经济贸易大学金融学院教授，博士生导师，浙商银行首席经济学家，国家金融与发展实验室副主任。兼任中国金融学会理事，中国世界经济学会常务理事，中国城市金融学会常务理事和学术委员会委员，中国金融论坛创始成员，中国保险行业协会首席金融专家。曾任中国社科院金融研究所副所长。享受国务院"政府特殊津贴"。曾荣获孙冶方经济科学奖（第十二届）和胡绳青年学术奖（第四届），多次获得中国人民银行、中国社会科学院等部委颁发的科研成果奖。2013 年入选国家"百千万人才工程"国家级人选，并获"有突出贡献中青年专家"荣誉称号。

目 录

第一篇

宏观背景与金融改革总论

第 1 章
金融如何有效服务经济与社会发展

潘英丽

党的十九大报告提出"深化金融体制改革,增强金融服务实体经济能力"。而在此前召开的全国金融工作会议上则明确了服务实体经济、防控金融风险、深化金融改革的三项任务。国家最高决策层高度重视金融的地位、作用和存在的问题,强调"金融是国家重要的核心竞争力,金融安全是国家安全的重要组成部分"。本文将结合党的十九大和全国金融工作会议的精神,探讨金融有效服务经济社会发展所面临的重大理论和实践问题,阐述中国经济可持续发展对金融改革的客观要求。

一、如何理解金融在现代经济中的核心地位?

(一) 金融存在的理由

我们首先回归本源探讨金融存在的理由是什么?我们从传统农业社会说起。在传统农业社会,家庭是独立的生产和消费单位。社会储蓄表现为每个农户家庭存有的余粮。养猪喂鸡、换头小牛，还是生育第二、第三胎孩子？三者分别有着提高短期生活质量、提高中期生产能力、提高长远生产能力并实现代际传承可持续发展三种目标。农户当家人将做出一种或某类组合投资的决策。在这里，他已经行使了今天复杂金融业的基本职能。一是将余粮，也即当期的储蓄或可用于扩大再生产的剩余产品，转化为生产性投资；二是从家庭的实际需要和福利最大化要求出发进行资本的有效配置。储蓄在家庭内部实现了向生产性投资的转化。现代社会与传统农业社会的本质区别在于复杂的社会分工。这种分工不仅超越家庭、超越地区，而且迅速超越国界。因此无论从专业知识要求、海量信息处理需求，还是从投资的规模及其所面临的风险来看，个人或家庭都已不再具有直接投资的能力，因此必须依赖金融业（或广义的投资服务业）提供专业的中介服务。这就是金融存在的理由。

金融由提供投资专业服务的中介机构和平台构成。作为中介，金融业本身是分工的产物也是分工演进的一种体现。金融业内部分工已经从银行、交易所平台，发展到各类财富管理基金、私募股权、风险投资等提供间接和直接投资服务的众多细分行业，以适应社会生产的复杂分工所要求的专业化优势。但是金融业的基本职能并没有因此而改变。通过金融业的中介，以家庭为主的社会储蓄转化为生产性投资，并在不同产业、不同企业、不同地区和投资期限长短不一的项目中进行配置，直接或间接地满足社会复杂多样的最终消费需求。由于需求的多样性、产业分工的复杂性，未来的不确定性和创新的探索性，投资失败与资源错配也必定会经常发生。因此，金融业必须对风险定价，并将风险进行分级，再分配给具有不同风险偏好和承受能力的投资者，让他们得到与风险匹配的投资收益。同时市场也具有内在的纠错机制，使资源错配尽快得到纠正。与银行体系的风险高度集中不同,股票与债券市场因为参与者众多,并且股权和债权可以交易或转手,因而在分散风险方面具有更大优势;更适合高科技、现代农业等高风险行业以及大健康、大文化和消费服务业等轻资产行业筹集长期资本。由于参与市场的中小投资者鉴别和监督融资企业的能力先天不足,股权和债券等资本市场的发展对保护中小投资者防范商业欺诈的法律制度和有效监管有更高要求。笔者1993—1994 年在美国纽约大学进行的富布赖特研究项目探讨了美国 20 世纪 30 年代证券市场规范化问题,保护中小投资者防范商业欺诈是美国证监会(SEC)的基本宗旨,也是美国建成全球最发达资本市场的成功经验。

可见,社会分工的复杂性及其未来的不确定性使家庭丧失了直接投资的能力,这是金融中介服务业存在的理由,也是金融业内部专业化分工不断发展的原始动力。

(二) 金融为何是现代经济的核心?

金融在现代经济中的核心地位是由资金的性质决定的。资金或者货币资本,本质上是社会稀缺资源的支配和使用权。在我国,银行吸收存款与放款的经营活动决定了储蓄这种社会剩余产品的利用水平,而信贷和股票市场的直接融资在行业间、企业间、地区间、生产及非生产领域间的配置直接决定着社会稀缺资源配置的有效性如何。

图 1.1 从宏观经济四大部门关系角度揭示我国产业结构失衡源于金融结构失衡的逻辑关系。首先,我国的金融结构存在过度依赖银行间接融资的情况,进而造成资金在产业间的错配。从广义社会融资总额的数据来看,通过银行与影子银行系统的资金融通占比高达 80%—85% 左右。由于存在抵押政策要求,银行

中长期信贷主要投给了制造业、房地产和地方政府基础设施项目，导致这些重资产行业出现严重的产能过剩。其次，存在银行信贷的企业间错配。银行存在"垒大户"和国有制偏好。2015年，民企、国企和央企的净资产收益率分别是10.59％、2.87％和1.89％，但三类企业的负债率却分别是50.4％、74.5％和89.5％。①贷款的实际投放与企业经营效率负相关。再次，2003年以来地方政府用地指标存在向中西部倾斜的政策，中西部省份土地供给份额从2003年的30％左右上升到2012年和2013年的55％②，由土地抵押的地方政府融资很大程度上造成了边远地区大量闲置的开发区和"鬼城"。事实上，我们2013年组织的一项研究成果揭示了信贷占县域GDP的比例与当地人均收入存在负相关关系。瑞士学者Jean-Louis Areand用中国1658个县市的8 248个样本数据进行的实证检验发现，国家信用担保导致信贷规模超出社会最优水平。中国县市贷款与GDP比例每增加1％，当地人均GDP下降0.164％，贷款与GDP比例从20％增加到120％，人均GDP的增长从正的2％下降为−4％。③其背后的经济学逻辑是银行信贷支持了低效或无效的投资项目，利息支付成为向银行输送资源并导致当地人均收入下降的重要机制，但最终银行贷款本金显然难以收回。图1.1的上半部分反映了国家信用支持的银行信贷过度扩张，引发重资产领域过度投资，导致产能过剩、库

① 数据来源于中民投副总裁张胜在2017年夏季达沃斯论坛夜场分论坛的演讲。

② 参阅陆铭《土地供给、房价与中国经济竞争力》，载陈杰、陆铭、黄益平、潘英丽主编的《房地产与城市发展》，中信出版社2017年版，第145页。

③ Jean-Louis Areand，2013，《信贷配给、银行救助政策以及信贷的负面影响：基于中国的实证检验》，载潘英丽、胡永泰、杰弗里·萨克斯和钱军辉主编的《十字路口的金融体系：国际经验与中国选择》，中国金融出版社2013年版。

存积压和系统性风险积累的结果。图 1.1 的下半部分,反映资本
市场特别是股票市场由于市场信用基础缺失、信息披露虚假不实
以及监管不作为或缺乏威慑性等原因导致金融资源错配和低效
率的问题。股票市场的问题在于政府的立场是帮助企业筹集廉
价资本而非保护中小投资者防范商业欺诈,导致前期股票市场功
能的财政化(1997—2009)和民企融资占主导地位的后期(2010—
至今)对上市公司监管的不足。由于投资者权益未能得到有效保
护,市场融资功能经常瘫痪,阻碍了资本流入高新技术产业、现代
农业和各类轻资产产业,进而造成产业结构的不平衡和有效供给
不足。

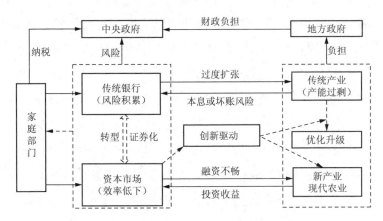

图 1.1　金融结构失衡导致产业结构失衡

　　金融资源配置的有效性决定着社会资源配置的有效性。在
供给不足或市场需求不存在约束的情况下,凭借国家信用和建立
在国家信用基础上的土地财政,中国的投资和产出借助高杠杆实
现了快速增长,金融成为中国经济增长的加速器。但是随着出口
和房地产市场需求衰减,金融的过度扩张及其助长的产能过剩则

埋下了系统性风险的隐患。金融作为现代经济的核心具有"成也萧何、败也萧何"的效应。

二、广义利息的起源及分配——兼论金融业正当收益的法理基础

为了深入理解"金融是现代经济的核心"和当前系统性金融风险的形成机理，我们还需要从广义利息起源或金融业获取收益的法理基础进行阐述。

西方主流经济学有一个利息的"时间价值论"，是由曾任奥地利财政部长的经济学家庞巴维克提出的。他认为，人们由于对未来缺乏想象力、或存在意志上的缺陷以及生命的短促多变，会低估未来，给现在物品的估值高于对未来物品的估值，因此放款方（相当于借出现在物品）要求借款方还款时补偿相当于现在物品与未来物品间的估值差价，即利息。时间价值论仅仅解释了出让现在物品的一方为何要求利息补偿，却没讨论利息来之于何方。

笔者本世纪初研究虚拟经济时对利息起源有个重要发现，在此作一简述。[①]如前所述，资金或货币资本实际上是对社会稀缺生产资源的支配和使用权。资金的集中和让渡，可以将更多的社会资源从闲置或低效率使用的状态转移到高效率生产部门中去，从而在社会资源总量不变条件下，使高效率生产部门给社会创造出新增财富。这个新增财富就是全社会的剩余价值或广义利息，它源自资源配置的优化。

---

① 详见潘英丽《虚拟经济的演进机制及其两重性的探讨》，《华东师范大学学报（社科版）》2001 年第 5 期，中国人民大学复印资料《经济理论》2002 年第 1 期全文转载。

三个利益集团参与社会新增财富的分配。一是资源闲置或低效率使用的家庭部门。家庭储蓄者参与新财富分配的理由有以下几点：家庭是投资的最终委托人，金融机构和企业都只是投资与生产经营活动的代理人；家庭让渡储蓄资源是社会资源优化配置的前提条件；社会由家庭组成，以家庭为单位的社会消费是社会生产的最终目的；家庭消费是产能有效利用和经济持续增长的前提条件，这是因为随着国家富裕程度的提高和人口老龄化，在消费的决定性因素中，财产性收入与工作收入相比，其重要性会上升。二是金融业通过它的高品质中介服务，实现了社会资源配置的优化，这是金融业分享新增财富的法理基础。金融业本身并不直接创造财富，我们说金融业是现代经济的核心，主要是因为金融业通过引导社会资源的流动与配置，拥有引领产业和经济发展方向的特殊地位，金融体系的有效性决定了社会资源配置的有效性；反之，金融的扭曲与低效率则会导致资源错配与耗散，产业结构失衡以及财富的两极分化。三是创造财富的高效率生产部门理应获得新增财富的一部分，即正常利润甚至包括一部分超额利润。

全球范围需要健全制度，促进金融业在实现资源配置优化的过程中获取合法或正当的收益，同时需要防范金融集团通过操纵市场或行政垄断，在未能优化资源配置甚至扭曲资源配置的情况下获取巨额利润。与此相关，有一个关于金融 GDP 的认识误区需要我们从理论、实践和政策层面加以澄清。

在经济实践中，政府和市场人士往往将金融 GDP 看作是金融业对 GDP 的贡献。事实上金融 GDP 只是金融业运行过程中占用的社会资源。世界银行和国际货币基金组织将存贷款利差或金融机构佣金收益看作是金融运行效率的反向指标。银行部门利差越大,金融机构佣金水平越高,说明金融运行效率越差。如果我们用一年期存贷款基准利差与同期贷款基准利率的比例作为银行业运行效率的负相关指标,那么这一指标已从 1995 年的 9％上升到了 2015 年的 65％。也许行长们会说,高利差是为了抵销贷款的坏账损失,但我们要说,贷款如果支持的是有效率的投资和生产活动,就不会出现坏账。坏账恰恰说明信贷的配给是低效或无效的。金融资源错配如何成了金融机构获得高收益的理由?

图 1.2　金融业增加值占 GDP 比重的国际比较

资料来源:Wind 数据库。

　　图 1.2 给出了金融增加值占 GDP 比例的国际比较。2015—2016 年我国金融增加值占比接近 8.5％,超出金融最发达国家英国和美国多达一个百分点;相比较,制造业强国德国和日本的金融增加值占比仅为 4％和 4.5％。从时间序列来看,2006 年我国金融增加值占比尚属正常,与德国当时水平相当。2007 年的大幅度上升也许是由股票市场的牛市所赐。但 2009 年以来金融增加值的持续上升只能用整体经济高负债率下的利息贡献来做解

释了。根据 BIS 提供的数据来看，中国非金融企业和家庭的偿债成本 2016 年已达 GDP 的 20%。由于银行从来不缺资金，即使部分存量贷款已沉没在过剩产能之中，银行业仍可通过"借新还旧"以新增贷款为自己创造不断增长的利息收入和利润，与此同时隐性坏账的规模却在不断增加，等着中央财政或央行发行货币冲销，最终由全社会承担。

由此可见，从广义利息或社会新增财富的分配来看，金融业获得的份额已超出其合理的水平，而且其超额部分是以金融资源错配为前提的。

三、金融"脱实向虚"的客观与制度原因

近年来，人们对金融业爱恨交加。地方政府很喜欢金融业，金融业对 GDP 贡献不小，还可为本地经济发展提供更多资金支持。金融从业者的薪酬列各大行业之首，金融专业也成为大学最热门专业。与此同时，社会对金融颇有微词："企业为银行打工"、金融业"暴利""脱实向虚""自娱自乐""乱象丛生"等等。中央政府则是为金融的系统性风险焦虑不安，要防"黑天鹅"，更要防"灰犀牛"。金融"脱实向虚"趋势十分明显。不仅出现资金在金融体系内的空转，金融中介链的拉长还导致实业融资成本上升等趋势，而且大量产业资本转而介入金融领域。

金融"脱实向虚"的一个重要背景是实体经济低迷，企业收益率下滑以及自然人信用体系的缺失。实体经济低迷与传统产业严重过剩、新兴产业发展面临瓶颈制约有关。金融领域出现"资产荒"。"资产荒"本质上是"好企业荒"。金融业支持实体经济发展需要有载体，这个载体首先是有效率的企业组织，然后是理性

与诚信的家庭消费者或个体生产者。在中国，好企业或有效率的企业组织的生成和发展较为困难。国有企业凭借行业准入限制和各种倾斜补贴政策过度扩张，抑制了民营企业的发展空间，而教育、健康、文化娱乐等轻资产行业和消费服务业则因监管、市场自律机制的不健全以及拥有成熟专业技能和敬业精神的劳动者严重供给不足而难有快速的发展。相比之下，由于个人信用体系和金融低成本服务模式的缺失，金融对家庭与个人的消费信贷以及对农民等个体生产者的金融支持则无法有效落地。比如，近年来快速兴起的"现金贷"其实质是"高利贷"，通过更高利率覆盖更高的坏账概率。具有"普惠性"标签的现金贷并不能消除其"害人"的可能性。因为它们的"大数据"分析无法区分贷款是用于人力资本投资等发展性需要，还是用于支持借款人的"不良嗜好"如沉溺"网吧"或吸毒。

面对"金融不为实体经济服务"的指责，我们需要做具体分析。追求经营绩效的民营企业在未来发展前景不明朗时通常并无融资需求，而预算软约束、以短期政绩为追求目标的地方政府和国有企业的融资需求往往并不具有财务的健全性，银行拒绝此类贷款要求正是其审慎经营的正常行为。这就告知我们，金融不是简单服务各类实体经济活动，而是要为健康的社会经济发展提供有效并可持续的服务，这是需要通过基础性制度建设和金融改革去创造条件的。

与实体经济相比较，房地产与金融领域显现超高的短期收益率，吸引了大量信贷与社会资本投入其中。其重要背景是全球金融危机后为保增长而实施过度宽松的货币信贷政策导致了非金融部门负债率大幅度上升，各类借款人利息负担已达 GDP 的17%—18%的规模。另外，房地产金融化，资产证券化，以及金融交易杠杆的使用和出于监管套利的金融产品与渠道创新等等,使更多新增贷款、产业资本介入到制造资产泡沫、追逐短期暴利的投机活动中去。这些短期暴利与击鼓传花的投机行为使爆发流动性危机以及整体金融危机的风险急剧上升。

简要总结金融"脱实向虚"原因如下:传统产业产能过剩,规模扩张已近极限;新兴产业发展尚处幼稚阶段,商业模式不成熟,行业自律与监管缺失更使经济转型迟缓而艰难;金融生态环境恶化,如国有经济部门软预算约束盛行,市场合约实施的有效性无法保证;股份制金融机构的内部激励机制与约束机制不对称,有强烈的短期盈利压力和投机冲动;金融监管部门追求"改革创新"政绩或监管不作为;政府财政功能的金融化与金融风险的财政兜底,更助长了融资双方的机会主义。

四、资本无条件逐利与金融"普惠性"条件

从价值判断上看,金融对经济增长和社会经济福利的促进作用是有条件的。而寻求增值则是资本的本性,是无条件的。就如经济活动可以分为生产性与分配性两类,金融的活动也可分为生产性(或福利增进性)和分配性两类。金融可以帮助高成长产业和高效率企业实现快速发展,并通过住宅抵押贷款、教育贷款和消费金融服务直接增进社会经济福利。但是,在缺乏良好的市场秩序和监管治理的背景下,金融大概率会沦为特权阶层和强势财团攫取社会财富的工具,并导致贫富加速分化。

另外,在现代金融中纯粹金融交易的积极意义在于:创造市场流动性,而流动性本身是有价值的;通过证券化资产的交易实现企业产权或债权的转移,有助于分散风险,帮助高新技术产业

与轻资产行业获得风险资本的支持,实现快速发展;通过套利性交易使各类市场的价格趋于均衡,在要素自由流动条件下,价格趋向均衡也是通过提供激励实现资源优化配置的过程。但是,在市场准入限制和价格行政管制背景下,金融交易更大可能是导致财富逆向再分配,特别是在大规模使用杠杆的场合,还会积累更多的系统性风险,引发金融市场泡沫的生成和破灭,进而通过(各国的)央行救助或(中国的)财政兜底,将危机成本转嫁给全社会。

那么,创造什么样的条件,可提高金融增进社会福利的普惠性,并约束其不稳定性和财富逆向再分配负面效应?笔者认为以下四方面条件是至关重要的。

(一)创造稳定的货币信用环境

银行体系实行部分储备制度后就拥有了创造货币的功能。在货币创造过程中,除了央行基础货币投入外,商业银行体系的存贷款业务可通过贷款派生存款的方式创造超过基础货币多倍的信用货币。货币创造促进经济增长或增进社会经济福利的潜能首先取决于生产要素是否充分利用。如果存在非充分就业或生产要素闲置场合,货币通过财政渠道或定向渠道投放给低收入阶层用于消费,消费需求增长可消化(消费产业)过剩产能,促进投资复苏,实现就业和产出的增长。反之,在生产要素充分利用场合,信用货币的扩张则会导致通货膨胀的发生以及由通货膨胀加剧的收入与财富分配的不平等。另外,货币信贷投放的渠道对金融的福利效应也具有重要影响。增量货币或信贷提供给特定利益集团用于房地产或金融资产的炒作,提供给地方政府追求短期政绩的低效率项目,提供国有企业用于产能的过度扩张,就会导致投资泡沫膨胀、社会资源错配和浪费以及经济运行成本或系统性风险的大幅度上升,产生财富两极分化的负面效应。

　　近年来,全球范围出现了实体经济低迷和金融投资与交易领域的繁荣。在美国,实物资产(房地产、大宗商品和收藏品)与金融资产(股票市值与长期政府债券)的相对价格已从上世纪 80 年代初的 0.9 左右下降到 2015 年的 0.15。对此可以做供给与需求两方面的解释:一是供给侧有技术进步和中国参与全球分工带来生产成本和制成品价格以及通货膨胀的持续下降。二是全球央行和银行系统过度宽松的货币和信贷投放,使金融投资领域出现持续的繁荣或资产泡沫膨胀。

　　稳定的宏观货币环境要求货币信贷的投放与经济增长的客观需求相适应。弗里德曼关于货币政策"单一规则"的思想为我们提供了重要启示。弗里德曼在讨论以经济稳定增长为目标的货币政策时,建议美国按经济的趋势增长率(3%)与货币收入弹性(1.8)的乘积给出以固定货币增长率(5.4%)投入货币的单一规则。我们可以借鉴弗里德曼"单一规则",给定我国每年货币信贷的增长速度。以未来的潜在增长率与经济货币化的客观要求(比如现代农业的市场化过程中对流动资金的客观需要,以及农村土地入市需要吸收的流动性等)规定货币信贷总量的稳定增长速度,以此稳定未来价格预期,抑制炒作房地产与金融资产的投机动机。

(二) 构建个人和企业信用的共享数据库,确立规范有序使用私密信息的法律体系

　　互联网技术大幅度降低了零售金融服务的成本,促进了普惠金融的发展。但是由于小微贷或现金贷公司仍然无法分辨借款人的偿债能力、偿债意愿以及资金的真实用途,短期逐利动机驱使下出现了高利贷和裸照贷等乱象。个人和小微企业信用数据共享机制的缺失已成为普惠金融发展的重要障碍之一。我们在加强监管和治理的同时还需要解决普惠金融的这一痛点问题。当前需要打破信用数据为企业和政府部门垄断并用于牟利的碎片化局面。可通过人大立法明确信用数据的公共产品性质并规范相应数据的适当使用方式，以保护个人和企业数据非公开的私密性质。有效利用互联网、大数据等现代信息技术，发展全社会共享的征信系统。在个人信息的查询使用方面，可借鉴美国将个人社会保险号码作为开启个人信用档案数据库钥匙的成功经验，将个人社会生活中的各种信用记录纳入同一档案，在获得个人许可前提下供单位招聘用人、金融机构放款和干部考核等查询使用，让信用成为个人和企业最为珍惜、并给当事人带来切实利益的无形资产。只有通过建立规范有序的信息收集、查询和使用的制度和公开上市企业信息的有效披露制度，才能提高市场透明度，促进储蓄向有效的生产性投资（包括人力资本投资）转化，提升市场发现价格的有效性，进而促进资源的优化配置。

（三）完善金融机构社会责任的相关法律并加强监管

上世纪 80 年代美国金融界出现过关于金融基础服务要求的讨论。这是因为经济金融发展到一定水平后，金融服务已成为家庭生活的必需品。如果金融业对部分家庭或有色种族人群产生非财经类的歧视政策，将严重影响这些家庭提高生活水平和质量的机会。考虑到金融业是政府特许经营的行业，从事金融业的机构享有一定的垄断经营特权，因此政府也应规定金融机构必须承担的社会责任。比如美国有一个针对银行信贷活动的《社区再投资法》，规定银行必须完成的社区贷存比。以避免银行将当地资金大规模转移到其他地区，加剧地区发展的分化。目前我国商业银行总行大都要求分支机构将所吸收存款上缴总行，再以内部调剂价调剂使用。据调研，中西部不少县域经济当地存款只有

20％用于本地，80％被银行抽走，致使这些地区用于发展的可支配资源大幅度减少，加剧了地区间发展差距。另外，银行不应该为产生污染等负外部性的项目提供贷款融资；另外金融机构在销售金融产品时，产品性质与风险必须充分披露，消费者有充分的知情权；金融机构高风险产品不能销售给没有承受能力的客户，等等。

五、金融有效服务经济社会发展需要哪些基础性条件？

功能良好的金融体系需要健全的制度保障。明确了金融有效服务实体经济发展所需要的条件，我们也就明确了金融改革开放的正确方向。

图 1.3 显示了 2000—2016 年间中国、美国和欧盟三大经济体各自储蓄占全球的储蓄比例。2009 年中国储蓄总量占全球的比重为 18.1％，超过了美国的 14.9％，2012 年达到 22％，超过了欧盟当年的 19.2％。2016 年中国的储蓄占比已经远超欧美，三者的储蓄占比分别为 26.7％、16.1％和 19.9％。但是从图中可以看到，中国储蓄占比在 2015 年达到顶峰（27.43％），并开始出现回落，这与人口老龄化过程中作为净储蓄人群的壮劳力开始减少有关。储蓄是一国产出扣除消费后的剩余产品，是可用于扩大生产能力的新增资本。如何有效利用目前尚名列全球第一但已处在衰减阶段的这部分社会资源实现中国经济平衡、可持续发展，是我们面临的大课题。这需要先明确经济转型与产业发展方向，再探讨与经济增长新动能相适应的金融业态和市场的发展。图 1.1 下半部分显示，未来产业发展的重点是制造业的优化升级、高新技术产业、现代农业以及大文化、大健康等与家庭服务消费相

关的轻资产行业。这些行业或者存在不确定性风险或者没有抵押品，因此需要发展以市场信用为基础的、有利于风险分散的资本市场，拓宽直接融资渠道，才能提高资本配置的效率。

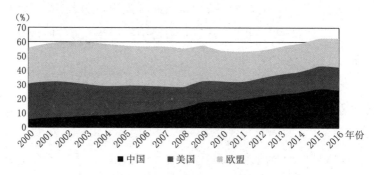

图 1.3　中国、美国和欧盟的储蓄占全球的比重

资料来源：世界银行数据库。

金融业是服务业，因此首先需要解决"为谁服务"的问题。当前金融业面临严重的"资产荒"，不知道资金往哪投，投给谁。"资产荒"首先是"好企业荒"，因此经济和金融改革需要在健全企业发展和创新创业环境方面有实质性进展。重点有以下三个方面：

（一）培育有效率的企业组织

因为有效投资和有效率的生产都需要企业去组织落实。30余年来中国利用外资与其说是弥补储蓄和外汇不足，还不如说是弥补有效率企业组织的不足。[1]我们在成功利用外资的同时，一定程度上延缓了中国有效率企业组织的发育和成长，进而降低了内部投资和中资企业对外投资的有效性。培育好企业，需要两方面的制度变革：一是保护私有产权。只有有效保护私有产权，民营资本家和企业家才可放下包袱，做大做强实业，致力于创新、升

----

① 参阅潘英丽：《有效利用外资理论研究》，华东师范大学出版社 1997 年版。

级和经营"百年老店"。东北沦陷与"投资不过山海关"有关,而后者很大程度上又与缺乏尊重私有产权的制度环境有关。二是防范商业欺诈。融资企业信息的真实、充分和及时披露是市场透明度和市场有效配置资源的必要条件。如果分不清优劣,银行和市场就无法避免资源错配,只能依赖抵押和国有制背景。2010年以来股票市场IPO融资中,民企占比已超过70%,政府需要通过强势监管和严刑峻法保护中小投资者防范商业欺诈。唯有如此,才能发挥市场优胜劣汰的功能,为好企业做大做强腾出空间。这也是美国近百年来的成功经验。

(二)拓宽产业投资渠道

未来产业发展的重心应该是与近14亿老百姓的最终需求相关的消费服务业,包括医疗保健、体育健身、文化娱乐、休闲旅游、教育培训等等。旅游休闲和文化娱乐需求已经出现井喷行情,目前供给侧在软件、硬件、经营理念方面都跟不上趟。消费服务业与制造业的本质区别在于生产、销售与消费同时发生,具有个性化和人性化要求。目前消费服务业面临三类发展瓶颈:市场准入管制,责任界定与纠纷处置机制的缺失,以及具有专业技能与职业操守的劳动者供给不足。政府需要在放宽对外资和民营资本市场准入的同时,鼓励商业模式创新,加快行业经营标准与行为准则的确立,同时需要加强市场监管,形成既能保护消费者合法权益,又能保护服务企业合法经营的制度环境。

(三)实施代际平衡可续型的人力资源开发战略

各类专业人才是产业发展的核心生产力;人力资源开发,既是消费又是投资,对启动内需,促进经济可持续发展,应对人口老龄化挑战具有重大意义。建议政府调整人口政策;加大中央政府在义务教育和再就业培训中的公共支出;改革教育体制,培养学生批判性思维与创造力；实施专业技术评级制度，促进民间教育与培训产业的规范发展。就人力资本投资和消费的金融服务而言，中国还有很大的发展空间。需要通过大数据、金融科技等手段加强个人信用制度建设，同时需要加快发展劳动和人才市场，促进人力资本的有效配置和价值的实现。

（四）为优秀企业家人才和金融投资家人才提供更宽松的发展环境

好的企业家人才有能力挖掘市场机会，能有效组织人、财、物和技术资源，并且具有锲而不舍的专业精神和良好的职业操守，能将企业做得"大而强"或"小而美"；而好的金融投资家对产业发展趋势、对人性都有深刻理解，能尽快找到好的企业家，与他们形成良好的战略联盟，支持他们的事业发展。政府应放宽投资机构平台建设，强化投资管理人才的资质要求和投资行为监管，放松投资服务市场的准入，实施具有国际竞争力的税制，吸引国外高端投资服务机构进入，为中国产业投资提供高质量服务。

（五）转变政府职能，退出金融的第二财政功能与政府信用担保

自 1985 年"拨改贷"政策实施以来，银行信贷和股票市场融资曾先后作为国有企业解困和改制的财政工具。出于保增长和产业发展需要，人民银行和银监会分别承担着国务院要求的货币和信贷扩张政策。又由于中央与地方在财权和事权关系上的不对称，地方政府通过融资平台和土地批租将银行信贷作为第二财政资源使用，地方政府的软预算约束和中央政府的信贷担保一起导致信贷过度扩张和低效率使用，积累了很大的债务违约风险。当前需要加快政府行政体制改革，使其职能从地区经济经营者向市场秩序维护者转变，使其立场从帮助企业筹集廉价资金，转向保护投资者和债权人权益。为此需要改革税制，让地方政府税收从主要来源于企业转向更多依赖消费税和财产税；并通过将义务教育、基本医疗保障等公共服务事权上收中央政府，实现中央与地方财税关系的基本平衡；同时要加快推进财政的民主化进程，规范发展地方政府债务市场。加快确立和完善地方政府的市场信用，促进人口和产业的集聚，提升城市化效能。

第2章
未来我国财政金融体制的改革取向[*]

殷剑峰

本文在财政分权理论和金融发展理论的框架下尝试梳理我国财政和金融体制演化的路径,从而探讨三个问题:第一,金融改革究竟应该是以集权还是分权为取向? 第二,未来的改革究竟应该是"自下而上"还是"自上而下"? 第三,如果是"自上而下",那么"顶层设计"的基本方向和原则应该是什么? 本文第一和第二部分分析我国财政体制和金融体制的历史轨迹和现状,第三部分分析目前财政金融体制导致的问题,并提出"顶层设计"的思路。

一、财政分权理论、我国财政体制的历史演化和现状特点

(一)"无形之手""援助之手"和"攫取之手":财政分权理论

早期的财政联邦主义的理论基础是基于古典经济学思想的公

---

　*　本文原题为《关于我国财政金融体制改革"顶层设计"的思考》,发表于《比较》2012年第8期(总第65期),此处收录时略作删减。

共财政理论:政府应该扮演"无形之手",政府的职能限于提供公共品。在此基础上,就有了财政分权的合理性(Tiebout,1956):与中央政府通过集权来向全国提供所有的公共品相比,通过分权,让地方政府提供具有地方属性的公共品更有效率。那么,地方政府提供这些公共品的激励和约束机制是什么呢? 地方政府的激励在于,通过提供优质的公共品,可以吸引流动性的税源(企业和居民),从而增加本级财政的收入。对地方政府的约束在于税源的"流动性":如果当地的公共服务质量差,企业和居民可以选择"用脚投票",另择良地。

公共财政理论的"无形之手"不符合后发国家的事实,在那里,政府扮演的角色是"援助之手"。早至重商主义时期的英国和德国历史学派流行时的德国,政府都是通过限制竞争(如授予外贸公司垄断特权)和产业政策(如补贴工业、保护"幼稚产业")直接参与到经济活动中(布鲁和格兰特,2008);20 世纪 60 年代以来的日本、东亚"四小龙"以及后来的中国内地,也皆是如此。

在财政联邦主义理论中,从"无形之手"到"援助之手"的转变始自对 20 世纪 80 年代转型国家,尤其是中国经济发展实践的观察。自 1993 年许成刚和钱颖一的文章(Xu and Qian,1993)之后,新一代的财政联邦主义理论迅速发展,衍生出了大量文献(参见张军,2007)。这些文献虽各有差异、各有贡献,但都是在讨论一个老问题:如何通过分权来调动中央与地方的"两个积极性"而不是中央的"一个积极性"(毛泽东,1956)? 地方的积极性问题就是关于地方政府的激励机制问题,而如何激励则取决于地方政府官员的行为动机。

对于地方官员的行为动机,出现了两种看起来不同的解释①:其一是"权"论(周黎安,2007),即地方政府的官员需要通过竞争来获得上级的认可和提拔,而竞争的标准是上级政府易于识别的指标——GDP;其二是"钱"论,如李学文等(2012)分析了地方政府追逐预算外收入的动机和手段。不过,"钱"和"权"所产生的激励并非矛盾,而是可以统一的(Blanchard and Shleifer,2000):设"地方官员留任和晋升"为事件 A,"地方官员努力"和"不努力"分别为事件 L 和 $\bar{L}$。努力等带来地方经济增长和随后的财政收入(预算内、预算外)y,其中地方留成比例是 a,不努力可以获得私人好处 b,努力和不努力获得留任和晋升的条件概率分别为 $P(A|L)$ 和 $P(A|\bar{L})$。则激励相容的条件是:

$$P(A|L) \times y \times a \geqslant P(A|\bar{L}) \times b$$

这样,"钱"论和"权"论就统一了:继续当官可以获得先前努力的好收成。但是,如果私人好处 b 过大,以至于上面的激励相容条件不再满足,如何防止地方官员借发展经济之名、行个人好处之实呢?

上述问题实际上指出了新财政联邦主义理论面临的关键问题:如何防止地方政府变成"攫取之手"? 即约束机制问题,而这也正是这套理论的局限所在。这种局限的根源首先是因为,财政分权理论一直主要关注财政收入在中央和地方的分配,而没有注意到"援助之手"和"无形之手"在财政支出上的重大差异:在前者的支出中,政府投资非常重要;而后者的支出则以养老、医疗、教

---

① 需要注意的是,所有文献都只讨论了地方政府的动机,将地方政府视为经济人,而未涉及中央政府部门。在分析我国政府治理架构时,如果用经济人假设来分析地方的"块块",同样也应该将经济人假设引入到对中央部委"条条"的分析中。

育等公共服务品的支出（表现为政府消费）为主。我们称"援助之手"下的财政为"增长型财政"①，以对应于"无形之手"下的"公共财政"。

表 2.1　中、美、日政府投资占整个经济投资的比重

时　　间	中　国		美　国		日　本	
	政府投资	国有企业投资	含军费	不含军费	时　间	政府投资
1980—1989		67.58	17.72	12.68	1960—1969	33.67
1990—1999	2.71	58.44	17.60	14.02	1970—1979	33.70
2000—2009	4.29	47.14	17.23	14.49	1980—1989	31.30

注：我国政府投资根据资金流量表数据计算。
资料来源：中国数据来自历年《统计年鉴》和 CEIC；美国、日本的数据来自 CEIC。

增长型财政与公共财政的差异在表 2.1 中可见一斑。表 2.1 比较了我国和美国的政府投资在全部投资中的占比。如果仅仅从政府直接参与的投资看，我国政府投资的比重并不高，但是，将国有企业的投资算上，则我国大部分投资都与政府相关。即使到了新世纪，我国政府直接和通过国有企业间接进行的投资依然占到全部投资的近一半。与此相比，美国政府包括和不包括军费的投资都只有全部投资的 14％到 18％。此外，在 20 世纪经济起飞时，日本的政府也扮演了"援助之手"的角色，所以，从 20 世纪 60 年代到 80 年代，日本政府的投资比重高达 30％以上。不过，日本没有中国这样复杂的中央和地方关系。

财政分权理论忽视了增长型财政与公共财政在财政支出上

---

①　增长型财政与公共财政在财政收入和财政平衡上也有差异。增长型财政更多地靠间接税，公共财政更多地靠直接税。同时，与增长型财政相比，公共财政具有更大的赤字倾向："瓦格纳"法则以及政府对选民的讨好使得支出不断扩大，财政收入则因为直接税的缘故而呈现刚性。

的差异，这就导致其难以发觉两个重要的约束机制：其一是投资体制中的项目审批制，其二是下一节将要讨论的金融体制中的金融约束。投资项目审批制自计划经济时代一直延续到改革开放之后，直至 2004 年《国务院关于投资体制改革的决定》出台。从而至少在名义上，取消审批制之前，无论是国有企业还是民营企业，无论投资资金来源于财政还是来源于自有资金、外资或者贷款，各类投资项目都需要由政府审批，变化仅在于是中央还是地方审批，即投资审批权的集权和分权（张汉亚和张欣宁，2004）。事实上，如果说中国财政的集权和分权决定了对地方的激励程度，那么，投资项目审批权的集权和分权则决定了对地方的约束程度。

（二）"企业财政"与"土地财政 1"：2003 年前的财政分权

对于 2000 年之前的财政体制①，有一种观点认为，应以 1994年为界，之前是财政分权，之后是财政集权（陈抗等，2002）。这种看法的主要依据就是中央和地方财政收入比重的变化（参见图 2.1）：在 1994 年之前，地方政府的财政收入占到全部财政收入比重的 60%—90%；而从 1994 年分税制改革开始，地方财政收入急剧下降到 50%——当然，这里的地方财政收入不包括中央向地方的转移收入和地方的预算外收入（如土地出让金）。不过，中央和地方的支出比重在分税制之后并无变化。即使不考虑预算外的支出项目，分税制改革之后，地方政府的支出都占到全部财政支出的 70%左右。地方政府的支出没有减少，而收入减少所产生的空缺部分就来自中央对地方的转移支付。

---

① 关于这段时间财政分权的历史以及理论分析已经有诸多文献，这里不再赘述。

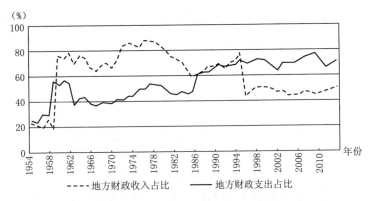

图 2.1　1954—2011 年地方财政收支占总财政收支的比重

资料来源:根据 CEIC 数据计算。

　　这里,存在一个关键的问题:究竟是应该以政府间收入的分配来判断分权或者集权,还是应该用支出呢? 由于增长型财政体制下政府的"援助之手"依靠投资的支出,因此,用财政收入来度量分权就存在一个问题:尽管地方政府可能会有较高的财政收入,但这些收入并不归地方支配。例如,在计划经济时代,大型企业 800 元以上、中型企业 500 元以上、小型企业 200 元以上的更新改造、固定资产购置和建设都要纳入固定资产投资计划,超过限额的,即使是修建一个厕所也需要层层上报。不过,在 1958 年"大跃进"时期和 20 世纪 70 年代,为了发挥"两个积极性",部分投资的审批权短暂地下放到了地方政府,这导致这两个时期地方支出的比重出现了显著上升。在其他时间里,地方即使有收入,也难以随意支出。

　　改革开放后,如同财政分权一样,投资审批权也经历了分权的过程(张汉亚和张欣宁,2004):1983 年,1 000 万元以下小型项目的审批权下放到地方;1984 年,地方审批的权限从 1 000 万元以下上升到 3 000 万元以下;1987 年,地方审批的基础设施和基础产业项目限额扩大到 5 000 万元;1996 年,地方对外资项目的审批权限从 1 000 万美元扩大到 3 000 万美元，广东、福建和深圳扩大到 5 000 万美元；2001 年，不适用国家资金的城市基础设施等 5 类项目的审批权交给地方。如同财政分权是非制度化的一样，在审批权分权的过程中，当遇到经济过热的时候，中央就会收权。例如，在 1980 年、1986 年、1988 年和 1995 年，投资过热和通货膨胀压力加大的时候，压缩地方投资项目都成为宏观调控的重要手段之一。

除了中央政府"主动"地进行投资审批权的分权之外，地方政府也有手段来突破投资审批权的集权——这就是土地财政。在讨论这个问题之前，先回顾一下这段时期地方财政体制的变化。在 1994 年分税制之前，学者们将地方财政体制归结为经营企业的"企业财政"（周飞舟，2006；李学文等，2012），即中央和地方主要根据企业隶属关系来分配企业的利润（1984 年"利改税"之前）或税收（1984 年之后）。分税制之后，地方政府所依赖的主要税种成为中央和地方的分享税种，并且，中央拿大头。这就极大地降低了地方政府经营企业的积极性，其中一个案例就是乡镇企业：作为地方政府重要的税源，乡镇企业在 1993 年达到顶峰后迅速衰落。

分税制之后，土地财政开始了——我们称之为"土地财政 1"，这是一种开发区模式的土地财政，与后面基于住房市场的土地财政不同。开发区的大发展是在 1993 年中央允许省级政府，以及随后省级政府进一步允许下级政府审批设立开发区之后。开发区的好处除了在于可以利用税收、土地资源等方面的优惠来吸引企业之外，就在于可以突破上级政府对投资的审批限制和后面将要提到的金融约束。在本质上，这种土地财政就是地方政府掌握的土地要素与资本要素（乃至资本雇佣的劳动力要素）的结合：地方政府圈地设立开发区，以吸引企业，尤其是受到鼓励的外资企业来投资办厂,从而增加地方的财政收入。由于资本的流动性,相互竞争的地方政府除了需要维持良好的投资环境之外,还不得不以协议转让的方式提供尽可能廉价的土地。类似于早期公共财政理论中的税源流动性一样,资本的流动性成为地方政府面临的最大约束,这使得中国的地方政府成为或许是全世界最为资本友好型的政府。在发展经济学中,资本短缺始终是落后经济无法起飞的瓶颈。因此,资本友好型的"援助之手"就构成了我国迅速工业化的基础。但是,同前期的"企业财政"一样,诸如圈地投资从而引发经济过热和通货膨胀的外部性问题始终存在。

所以,在 2003 年之前,尽管分税制使得地方财力被上收,但是,由于投资体制中投资审批权的分权,尤其是 1993 年之后以开发区为载体的"土地财政 1"的出现,实际的财政分权是在不断加强。反映在财政支出的变化上(如图 2.1),就是地方财政支出始终维持在 70％的水平。如果考虑预算外财政支出,这个比例还要高。总之,分权在加强,而不是削弱。

(三)"土地财政 2":2003 年以来的财政分权

2003 年,政府换届正式完成。同时,我国的财政体制中出现了一个新的事物:以住房市场为载体的"土地财政 2"。"土地财政 2"的兴起源自两个条件:第一,1999 年的住房体制改革打开了住房市场化的大门,商品房市场迅速发展;第二,土地供应制度的变化。根据 2002 年 7 月 1 日国土资源部颁布的《招标拍卖挂牌出让国有土地使用权规定》,经营性土地全部实行"招拍挂"方式。自此,在无偿转让、协议出让之外,我国土地供应就出现了俗称为"招拍挂"的新形式。

"土地财政 1"与"土地财政 2"虽然都是地方政府垄断性地供应土地,但是两者存在三个关键差别:第一,在"土地财政 1"中,土地作为生产要素，通过与资本和资本雇佣的劳动力一起加入生产环节，间接地产生收入；而在"土地财政 2"中，土地成为住房产业链中的"原料"，因而可以通过"原料"的直接售卖产生收入。第二，"土地财政 1"下间接产生的收入是长期的，依靠企业的持续经营，地方政府尚需要"细水长流"。而土地财政 2 下直接产生的收入却是一次性的，地方政府在卖地的时候一次性地收取土地使用期间（一般 70 年）所有的收入，因此，本届政府完全可以不顾未来，为了"权"和"钱"尽可能多地卖地。第三，在"土地财政 1"中，地方政府面对的是具有流动性的资本。而在"土地财政 2"中，面对的却是不具有流动性的住房需求，这就导致整个住房产业结构呈现上游垄断、下游高度竞争的格局。在这种格局下，如同其他行业（如钢铁行业）一样，必然是上游获得垄断收入。

住房需求不具流动性除了是因为刚性的自住需求之外，还来自导致劳动力要素市场分割的两个互相关联的因素：户籍制度和公共品的区域分割。户籍制度对人口流动的限制皆已熟知，而公共品的区域分割指的是，在基于"援助之手"的财政分权体制下，本应由中央政府统一提供的公共品变成了由地方政府提供的区域性公共品，本应由所有公民统一享有的公共品却按照城市户口和农村户口划分成了不同的标准。在公共品区域分割的情况下，我国基本的社会保障（养老、医疗、失业救助等）至多只能做到"省统筹"，义务教育的财政投入在各地存在巨大的差异，住房保障（住房公积金、经济适用房、廉租房等）也是区域分割的，甚至资本品的消费（如住房）也因近些年的宏观调控（"限购"政策）变成了区域性的①。

①　在有些地方，如上海，非本地户籍甚至不能购买定期缴费的手机。

　　无论如何,"土地财政 2"区别于"土地财政 1"的三个特点为
地方政府带来了滚滚财源。观察图 2.2 可以看到,全国土地出让
金由 2002 年的 2 400 多亿元飙升一倍至 2003 年的 5 400 多亿
元,同期,土地出让金在地方本级财政收入的比重由 28％增至
55％。除了土地出让金之外,土地收益还应该包括与土地相关的
房地产和建筑业税费收入,如城镇土地使用税、土地增值税、耕地
占用税、房产税、契税等等。从 1999 年到 2009 年,土地出让金和
包括税费的土地收益在地方财政收入中的比重在东部分别为
42％、53％,在中部分别为 29％和 37％,在西部分别为 24％和
31％(骆祖春,2012)。因此,"土地财政 2"下的土地收益主要还
是以土地出让金为主,同时,土地出让金的比重呈现出从东部向
西部递减的趋势,这与我国房地产市场发展程度以及房价从东部
向西部递减是一致的,但这并非巧合。许多人曾经争论地价和房
价的关系,这虽然多少属于"鸡生蛋、蛋生鸡"的问题,但是,在整
个住房产业链呈现出从原材料垄断到产成品高度竞争的格局下,
显然是地价决定了房价,而非反之。

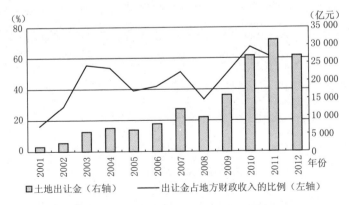

图 2.2　2001—2012 年土地出让金收入及其占地方财政收入比重

资料来源:CEIC。

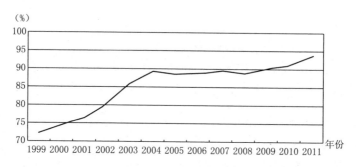

图 2.3　1999—2011 年地方投资项目金额占比

资料来源:CEIC。

　　"土地财政 2"和"土地财政 1"共同构成了我国地方政府土地财政的完整内容。在土地财政体制下,2003 年以来我国财政分权的程度进一步提高。首先,由于土地出让金几乎完全归地方所有,"土地财政 2"就从收入方面突破了中央对地方的约束。[①]其次,虽然自 2007 年以来国务院和财政部陆续出台了若干限制土地出让金使用的规定,但"土地财政 2"还是直接绕开了投资项目审批制,从而使得中央对地方的约束进一步失灵。在这种情况下,就出现了一个看起来很矛盾的政策组合:一方面,从 2002 年《退耕还林条例》颁布以来,中央大力、甚至是"严厉"地推行"退耕还林、封山绿化、以粮代赈、个体承包"的政策措施[②];另一方面,却以保护耕地的名义,规定"18 亿亩红线"不得突破。最后,旧的约束——投资项目审批制也因为 2003 年的"铁本事件"而放松。

----

　　① 1994 年的分税制方案规定土地出让金作为地方预算外收入不参与中央和地方的分成。1998 年《中华人民共和国土地管理法》第五十五条规定,新增建设用地的土地有偿使用费由中央和地方按三七开分成。

　　② 例如,根据该条例第六十二条,"退耕还林者擅自复耕,或者林粮间作、在退耕还林项目实施范围内从事滥采、乱挖等破坏地表植被的活动的,依照刑法关于非法占用农用地罪、滥伐林木罪或者其他罪的规定,依法追究刑事责任。"

根据 2004 年《国务院关于投资体制改革的决定》,审批制至少在名义上被取消了。于是,地方对中央政策的不断突破和投资审批制的分权使得地方的投资项目进一步上升(见图 2.3):从 2002 年到 2011 年,地方投资项目的金额占比从 80% 上升到 93%。

二、金融发展理论、我国金融体制的历史演化和现状特点

(一)"无形之手""援助之手"和"攫取之手":金融发展理论

在金融发展理论中,同样存在财政分权理论中的"三只手",但并未见到关于金融分权的讨论。在麦金农(1973)开创的金融压制论(financial repression)中,政府首先是"攫取之手"。所谓金融压制,是指发展中国家的政府人为地将利率压低在通货膨胀率以下,并通过高额准备金率等手段实施人为的信贷配给,以支持政府优先发展的项目或者为政府的赤字融资。但是,这种做法产生了两个相互激化的负面效应:第一,既定的储蓄被分配到了低效率的项目上,从而阻碍了经济增长;第二,低利率压制了储蓄意愿,从而限制了储蓄及资本的积累和经济增长。为此,他们主张回归到"无形之手":通过大爆炸式的金融自由化改革,放弃利率管制、外汇管制和对金融部门的管制。

金融压制理论主要描述的是 20 世纪 80 年代拉丁美洲的情形,当时的东亚经济体(可能还有早期的英国和德国)并非如此。在东亚国家,实际发生的是金融约束(financial restraint)(Hellmann, Murdock and Stiglitz,1997),其本质就是"援助之手":政府通过限制竞争和产业政策,克服竞争性市场的缺陷,创造"租金",从而诱导民间部门增加在纯粹竞争市场中可能供给不足的商品和服务。金融约束有三个不同于金融抑制的地方:第一,在

034 | 新时代开启中的金融改革:结构重整与制度创新

金融约束环境下,政府在民间部门创造租金,而非自身获得租金;第二,金融约束虽然也实施利率管制,但是,利率水平大体保持在通货膨胀率之上,从而使实际利率为正,有助于激励储蓄;第三,以麦金农定义的指标——M2/GDP 来描述金融深化,金融约束促进而非阻碍了金融深化。

金融约束对竞争的限制是金融深化的基础。金融领域的过度竞争包括银行部门的过度进入和现有银行之间的过度竞争,这两类竞争都会导致银行业租金的耗散。此外,证券市场(尤其是债券市场)的发展、非正式金融机构的发展以及对外开放也属于过度竞争的范畴,因而都在限制之列。对竞争的限制以及对存贷款利率的管制为银行创造了"特许权价值"(franchise value),促使它们经营得更加稳健,有更强的动力监督贷款企业,管理贷款组合的风险;同时,租金也使银行有动力增加其存款基数。金融约束还为企业和居民部门创造了租金,因为在金融约束环境下,较低的贷款利率使一部分租金转移到了生产企业,从而有助于减少信贷市场中的委托—代理问题。此外,租金还使企业可以积聚较多的股本,而股本可以作为企业向金融中介提供自身专有信息的信号工具,贷款风险及相关的信息问题就减轻了。对于居民部门来说,由于银行经营稳健,实际存款利率为正,增加储蓄的激励也很强。最后,金融约束通常还包括定向信贷政策,这些政策使得有限的资金被分配到出口产业中,从而产生了不同于拉美进口替代模式的出口导向增长模式。

然而,与财政分权理论一样,金融约束论也面临一个问题:如何防止政府从"援助之手"蜕变为"攫取之手"。对于这个问题,该理论的作者们坦承:虽然随着经济发展,金融约束应该逐渐淡出,但悲哀的事实是,没有一个强约束可以让政府放松金融控制

(financial control)，因为金融约束非常可能变成既得利益者的工具。金融约束论还面临一个问题：由于其观察的对象为日本这等蕞尔小国，所以该理论(事实上是整个金融发展理论)没有讨论中央和地方政府间金融管理权的分配问题。在中国，如果说要发展金融约束论的话，那么这样的约束还应该包括中央对地方竞争的金融管理权，从而约束金融资源。

(二)"自下而上"的金融改革和金融约束体制的建立：2003年之前的金融分权和集权

如果说对于 1994 年前后财政的集权和分权尚存争议的话，那么 1994 年显然是金融体制从分权到集权的转折点。1994 年之前的金融分权之所以能够发生，首先源于金融体系功能的确立和转变。在计划经济时代，我国仿照苏联形成了所谓"大财政、小银行"的体制，即财政体系而非金融体系担当了分配资源的核心功能：基本建设投资全部由财政拨款，银行信贷资金不允许用于基本建设投资，只能对国有企业发放流动资金贷款，并且主要是财政定额流动资金以外的超额贷款。

从 1979 年开始，两个事件确立和加强了金融体系的功能，进而改变了"大财政、小银行"的体制：一个是 1979 年国务院批准的"拨改贷"试点，即允许建设银行试点将财政用于基本建设的拨款转为贷款。国务院随后又决定，从 1981 年起，凡是实行独立核算、有还款能力的企业，进行基本建设所需的投资，除尽量利用企业自有资金外，一律改为银行贷款。另一个是 1979 年 10 月邓小平关于把财政拨款制度改为银行信贷制度，把银行作为经济发展、革新技术的杠杆的讲话，这使得计划经济时代只发放短期信贷的银行机构开始转向了长期的固定资产投资信贷业务。

在银行信贷资金取代了财政资金成为固定资产投资的主要资金来源之后，地方政府就有了"套取"银行信贷的动机。不过，这种动机的实现还得依靠两个条件："自下而上"式的金融改革和雏形未现的中央金融管理体制。1994 年前的金融改革具有典型的"自下而上"的特点，这为地方政府介入金融资源的调配提供了便利。首先，在银行体系中，1979 年以后陆续成立的中、农、工、建等国有专业银行均是以区域为核心的"块块"结构，地方分支行的权力极大，而地方政府对这些地方分支行又有很大的影响力，甚至有人事任免权。其次，各地出现了大量由地方政府批准设立的非银行金融机构，尤其是信托公司。这些信托公司名义上经营"信托"，实则都在做"信贷"：通过吸收存款和拆借同业资金来发放贷款。一些地方政府为了使地方所属的信托投资公司扩大融资规模，甚至公开下文要求地方管辖的企事业单位将自有资金和专项资金放在信托投资公司的账户上。①其三，包括货币、债券和股票市场在内的各种金融市场都是"自下而上"发展起来的。除了中央认可、地方管理的上海和深圳交易所之外，各地成立了数量众多的证券交易中心、资金拆借市场，这些中心和市场有的是人民银行省市分行出面组建的，有的是地方政府单独或者与企业共同组建的。

在财政分权的格局下，"自下而上"式的金融改革造就了金融分权，而中央金融管理体制尚未确立，因而大大加强了分权的程度——这非常类似于大萧条前美国的情形。在 1992 年 10 月国

---

① 例如，1982 年 2 月 13 日，甘肃省计委等部门发出联合通知，决定把存在银行账户的专项基金存款，转作地方信托存款，由地方负责支配。这次事件直接导致了中央的强烈反对，国务院立即要求甘肃省人民政府纠正，并发出了《关于整顿国内信托投资公司业务和加强更新改造资金管理的通知》。

务院成立证券管理委员会和中国证监会之前，当时的中央金融管理体制实则为中国人民银行一家机构对信贷和非信贷业务、银行和非银行金融机构以及各种金融市场实施管理。但是，这种管理的效力至少因为两个原因而被大大削弱了。首先，人民银行的组织架构也是仿照国有专业银行的做法，实行由上至下、以行政区域为主的管理架构，在省、直辖市和自治区设立分行，在地区一级设立中心支行，市县设立支行，这些分支行具有很大的权力，而地方政府又对人民银行的这些分支行有很大影响。其次，尽管通过设立中国工商银行剥离了人民银行办理的信贷和储蓄业务，但是"政企不分"依然是主要特点，突出表现在人民银行广泛地参与到各种金融市场的设立和管理中，并利用奇高的法定存款准备金率参与到了信贷资金的分配中。

金融权力的上收始于 1993 年对混乱金融秩序的清理整顿，包括对信托公司的全面清理、证监会对各地证券市场的整顿以及当时的国家计委对企业发债权力的上收（参见殷剑峰，2006）。不过，系统性的、彻底的收权来自 1993 年 12 月 25 日国务院根据十四届三中全会精神做出的《关于金融体制改革的决定》。在这个决定中，明确指出了要建立"强有力的"中央银行宏观调控体系，要建立"统一开放、有序竞争、严格管理"的金融市场。之后，1995年的《中国人民银行法》确立了币值稳定乃央行首要职责，严禁央行向各级政府部门提供贷款；1995 年的《商业银行法》则要求强化统一法人体制，实行严格的授权授信制度，并确立了分业经营的原则，不准央行参与信托、保险、证券业务。1997 年亚洲金融危机之后，在继续收拾过去遗留的巨额呆坏账、继续清理信托公司和各地证券交易中心的同时，开始了艰巨的国有商业银行改革任务。直至 2002 年第二次全国金融工作会议召开，明确了国有独资商业银行改革是金融改革的重中之重，改革的方向是按现代金融企业的属性进行股份制改造。

从 1993 年开始治理整顿，直至 2002 年金融约束体制基本建立，中国的金融体制具有了金融约束论所描述的所有典型特征：第一，虽然利率管制一直处于不断放松的过程中，但存款利率上限和贷款利率下限没有取消，存款上限一直高于通货膨胀率——这也是得益于当时全球性通货紧缩的背景。第二，过度竞争受到限制，不仅银行的准入受到限制，而且金融市场，尤其是与银行贷款业务直接竞争的债券市场受到了抑制①。此外，除了外国直接投资（FDI）之外，资本项目受到严格管制。第三，中央对地方调动金融资源的能力实行了严格的约束，包括整顿地方金融机构，严格限制地方新设金融机构，加强对信贷规模和金融市场融资的控制等②。

在分税制后，财政体制依然保持分权的同时，金融约束体制的建立促进了金融深化，同时扭转了前期金融分权造成的信用膨胀和通货膨胀倾向。图 2.4 显示，从 1994 年开始，"超贷"现象得到迅速纠正，贷存比自此一直小于 100%；而 M0/GDP 也一改之前不断上升的趋势，自 1994 年后（除了亚洲金融危机期间）不断下降。"超贷"现象的改变和 M0/GDP 的下降反映了一个基本事实：地方政府通过金融分权"倒逼"货币发行的机制得到纠正，信用膨胀乃至通货膨胀压力得到控制。

---

① 例如，根据 1993 年的《企业债券管理条例》和《中华人民共和国公司法》，只能是股份有限责任公司、国有企业，累计债券总额不得超过企业净资产的 40%。

② 例如，1993 年《企业债券管理条例》第十一条规定："中央企业发行企业债券，由中国人民银行会同国家计划委员会审批；地方企业发行企业债券，由中国人民银行省、自治区、直辖市、计划单列市分行会同同级计划主管部门审批。"

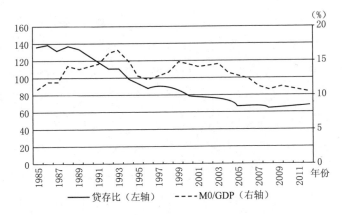

图 2.4　1985—2012 年贷存比和 M0/GDP

资料来源：根据中国人民银行和国家统计局数据计算。

（三）金融约束的弱化：2003 年以来的金融分权倾向

以 2003 年中国银监会的成立为标志，我国金融管理体制正式形成了俗称"一行三会"的分业经营、分业管理架构。此外，由于历史原因（也有部委间争权的因素），其他一些部委也参与到对某个市场（如国家发改委对企业债）、某类金融机构和业务（如商务部对融资租赁）的金融管理中。当然，财政部在金融管理中的地位是不言而喻的，尤其在增长型财政体制下更是如此。于是，"一行三会"以及各个部委就形成了所谓的"条条"。这些"条条"与地方政府的"块块"的博弈构成了 2003 年以来我国金融体制的基本特征。不幸的是，由于新世纪以来发生的诸多变化，尤其是在 2009 年"4 万亿"和其背后极度宽松的货币金融政策之后，"条条"越来越无法约束"块块"。

"条条"对"块块"约束的弱化首先是因为加入世贸组织（WTO）带来的更大力度的对外开放。进入新世纪以来，学者们愈发关注一个现象：经常项目和资本项目的"双顺差"。图 2.5 显示,自 2000 年以来我国就呈现系统性的"双顺差",其规模增长自 2003 年以来尤为显著。在其他大型经济体中,资本项目的顺差意味着国内储蓄的不足,因而需要通过贸易赤字和经常项目逆差来借用别国的储蓄(如美国);资本项目的逆差则意味着国内储蓄的过剩,因而要通过贸易盈余和经常项目顺差输出储蓄(如德国和日本)。我国的"双顺差"则说明,通过资本项目顺差(主要是FDI)进来的资本并非国外储蓄、即实物资本的输入,而是纯粹金融意义上的"金融资本"。对于这种金融资本的输入,以往将之解释为我国金融体系的低效率(李扬和殷剑峰,2005)。但是,结合前面财政体制的分析,金融资本的输入更可能是地方政府绕开金融约束,用土地来吸引资本的结果。

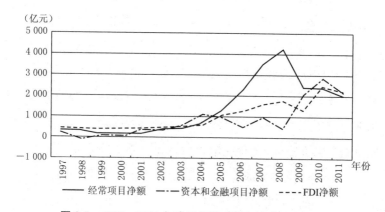

图 2.5 1997—2011 年我国经常项目和资本项目状况

资料来源:根据国家外汇管理局数据整理。

"条条"对"块块"约束的弱化还来自"条条"之间的竞争(殷剑峰,2006)。"条条"竞争实质是部委间权力的争夺——这说明"条条"和"块块"一样都是经济人,财政分权理论中的"钱"论和"权"论或许同样适合于此。以非金融企业债券为例,在发行方面主要由中国人民银行（通过银行间市场交易商协会）、中国证监会和国家发改委分管，在交易方面由人行和证监会分管银行间市场和交易所市场。在 2005 年之前，非金融企业债市场除了证监会管理的少量可转债品种之外，几乎完全由发改委管理的企业债垄断，市场几无生机。"条条"之间的竞争始于 2005 年人行推出短期融资券，当年债券存量飙升，增速高达 150％以上。2009 年人行推出中期票据后，进一步产生了刺激效应，因为中期票据与发改委的企业债以及证监会推出的公司债在属性上并无太大差异。"条条"间的竞争是我国非金融企业债在 2005 年到 2012 年短短的 7 年间翻了 20 多倍的主要原因，此段时间人行管辖的短期融资券和中期票据在市场中的份额由 0 上升到 57％强，证监会下属的债券品种份额也有显著上升，而发改委的权力空间被压缩了。那么，"条条竞争"是谁得利呢？"块块"！表 2.2 显示，地方国企发债的份额从 2005 年不到 24％上升到 2012 年的近 43％，地方国企发债中又有一半左右是地方融资平台的"城投债"。另一方面，表 2.2 也说明，我国的债券市场显然不是为民企服务的，包括民企在内的其他企业发债份额只有不到 7％。

表 2.2　我国非金融企业债的规模和结构

	非金融企业债		分管部委结构（％）			发行结构（％）		
	合计（亿元）	增速（％）	人民银行	发改委	证监会	央企和铁道部	地方国企	其他
2001	480.36		0	100	0	75	23	2
2002	718.30	50	0	100	0	83	15	2
2003	996.30	39	0	100	0	81	17	2
2004	1 282.50	29	0	100	0	83	16	1
2005	3 247.00	153	43	57	0	74	24	2
2006	5 452.10	68	47	53	0	66	30	3
2007	7 822.45	43	41	58	1	64	32	4

续 表

	非金融企业债		分管部委结构(%)			发行结构(%)		
	合计 (亿元)	增速 (%)	人民 银行	发改委	证监会	央企和 铁道部	地方 国企	其他
2008	13 125.35	68	45	52	3	71	27	2
2009	25 355.18	93	52	44	4	66	31	2
2010	36 562.88	44	55	40	5	62	35	3
2011	49 901.76	36	58	36	6	57	38	5
2012	72 854.69	46	57	35	8	50	43	7

资料来源:中国社科院金融所财富管理研究中心。

金融创新也是金融约束弱化的重要因素。进入新世纪以来,我国金融创新的步伐逐渐加快。这一方面是因为"条条"竞争,一方面是因为各地政府"自下而上"的金融改革。这些创新产生的直接结果就是中国式的"影子银行"。影子银行的概念始于2007年美国次贷危机初现端倪之时,其实质为在银行信贷之外发生的信用创造机制[1],包括货币市场工具、债券、证券化产品以及与这些金融工具相关的市场、机构和交易安排等。我国的金融体系以传统银行业为主导,因此,影子银行实质是"银行的影子",包括银行理财产品、信托产品、票据融资等。

这些产品虽然有些不被计入信贷科目或不被纳入广义货币统计,但是,它们都在银行部门的资产负债表上。例如,银行理财产品中的非保本产品虽不纳入广义货币的范畴,但依然统计在人行"不纳入广义货币的存款"统计中;票据融资在有的地方不计入信贷科目[2],但依然在银行的同业资产和负债科目下。所以,统

---

[1] 关于影子银行及其在我国的发展是一个正在热烈讨论但尚无统一认识的话题,这里只能粗浅涉及,另文详述。

[2] 例如,在2011年GDP只有全国5%的河南省,其票据交易量达到了全国的20%。其原因就在于一农商行不将票据贴现计入贷款科目下,这使得全国的商业银行纷纷上门寻求交易,以避开信贷规模管制。在2011年的一份报告中,惠誉评级公司(FitchRatings,2011)指出了票据融资的问题。

计我国银行部门对同业的资产和负债就可以大体计算"银行的影子"究竟有多大规模：图 2.6 显示，我国银行部门对金融机构的净债权自 2009 年底的 2 万亿飙升至 2012 年 12 月的 10 万亿，占银行部门总资产的 10％强。

图 2.6　2005 年 3 月—2012 年 12 月银行部门对金融机构的净债权

资料来源：根据中国人民银行《其他存款性公司资产负债表》计算。

　　最后，"条条"无法约束"块块"就在于与土地财政相伴的土地金融。从统计上看，直接发生的土地金融包括土地贷款、房地产企业开发贷款、个人按揭贷款等。表 2.3 显示，在人民币信贷中，房地产贷款大约占 18％左右，占中长期贷款比重的 1/3 左右；在房地产贷款中，2/3 左右是住房贷款（主要是个人按揭贷款），地产和房产开发贷款分别为 8％左右和 25％左右。虽然这种计算已经表明土地金融的规模不可小觑，但是，它实际上忽略了一个基本事实：我国大部分的信贷、甚至是非金融企业债券的基础都是以土地为抵押、质押的，并且，即使是非土地抵押、质押贷款的贷款也会因为土地价值而发生波动——这一点在发生危机的国家已经被证明过无数次了。

表 2.3　房地产贷款的比重(%)

	房地产贷款/贷款	房地产贷款/中长期贷款	地产贷款/房地产贷款	房产贷款/房地产贷款	住房贷款/房地产贷款
2005	14.23	31.67			67.00
2006	16.33	34.54			61.68
2007	18.34	36.49			62.50
2008	17.40	34.06			63.45
2009	18.34	32.96	9.11	25.51	65.51
2010	19.66	32.60	8.85	24.66	66.49
2011	19.59	33.16	7.15	25.34	67.46
2012	18.98	33.31	7.10	25.80	67.11

资料来源:CEIC。

需要强调的是,近些年地方主动开展的"自下而上"式的金融改革和创新是金融约束弱化的重要原因。例如,过去几年各地政府再次如 20 世纪 80、90 年代那样大力兴办各种交易场所[1];在此次全球危机之后,各地政府打着解决小企业融资难的旗号兴办了包括小贷公司在内的各类地方金融机构。同时,受到地方政府控制的城市商业银行、农村商业银行、农村信用社等也纷纷加入到金融创新的行列中来,例如,根据社科院金融所财富管理研究中心的跟踪分析,这些以往名不见经传的金融机构是 2009 年以来银行理财产品重要的发行群体。

三、当前我国财政金融体制的问题和"顶层设计"

(一)当前财政金融体制的问题:不可持续的土地财政、土地金融和土地 GDP

2003 年以来,我国的财政金融体制似乎再次恢复到了 1994

---

[1]　2011 年 11 月,国务院下发了《国务院关于清理整顿各类交易所切实防范金融风险的决定》,开始清理各类交易所。

年前的状况:增长型财政下的财政分权和金融约束弱化导致的金融分权。在这种财政和金融同时分权的态势下,我国的各项经济活动都表现为对土地的依赖,形成了土地财政、土地金融和土地 GDP,而这些基于土地的财政、金融和经济增长看起来是不可持续的。

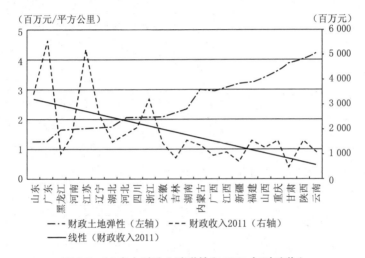

图 2.7　28 省市财政土地弹性和 2011 年财政收入

注:财政土地弹性为 2003—2011 年各地财政收入对城市建成区面积进行面板回归的结果;各地系数均高度显著;为作图方便,省略了西藏、贵州、海南等地;未包括北京、上海、天津等三个城市化基本完成的直辖市。

首先看土地财政。我们以 2003 年到 2011 年各省市的财政收入对各省市土地(城市建成区面积)进行面板分析,从而得到各省市财政收入的土地弹性。图 2.7 显示,在落后的中西部地区(如云南、陕西、甘肃等地),财政收入的土地弹性为 40 亿到 50 亿/平方公里;在发达的东部地区(如山东、广东),这个弹性仅为 20 亿元左右/平方公里。将财政收入的土地弹性与各省市的财政收入做一对比,显然,财政收入的土地弹性呈现规模报酬递减的趋势:财政收入越高的地方,新增 1 平方公里土地所产生的财政收入越低。这不仅意味着土地财政在东部地区的不可持续性,也说明,随着中西部地区土地资源的逐渐耗尽,我国整体的土地财政都将不具有可持续性。

其次看土地金融,仅以信贷为例。仿照前一节关于财政收入的土地弹性的计量,我们依然使用这些省份 2003 年至 2011 年的面板数据分析。可以发现,各省市贷款的土地弹性都非常显著,且呈现同财政收入土地弹性那样的规模报酬递减规律(见图 2.8):在西部的贵州、云南等贷款规模较小的省份,每平方公里的建成区面积会带来 40 亿元左右的贷款;而在东部贷款规模较大的广东、山东,新增 1 平方公里建成区只能带来 10 亿元强的贷款。同上面的土地财政一样,这表明,随着土地资源的耗尽,基于土地抵押的金融发展模式也是不可持续的。

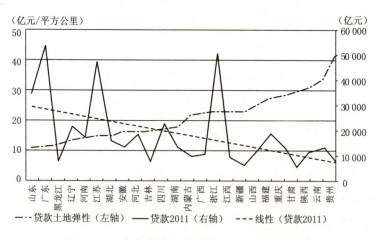

图 2.8　28 省市贷款土地弹性和 2011 年贷款规模

注:参见图 2.7。

最后看土地 GDP。表 2.4 为对 2003 年至 2011 年 28 个省市 GDP 的面板数据分析结果。可以看到,各省市 GDP 对土地和投

表 2.4　2003—2011 年各地 GDP 对投资和土地的面板回归结果

省　市	投资弹性	显著性水平	省　市	土地弹性	显著性水平
西　藏	0.452 924	0.014 6	浙　江	−1.015 63	0.112 4
内蒙古	0.579 794	0.228 1	广　东	1.491 676	0.004 4
云　南	0.595 93	0	辽　宁	2.865 436	0
宁　夏	0.668 973	0.000 2	湖　北	2.987 476	0
江　西	0.738 915	0	江　苏	3.005 769	0
安　徽	0.744 404	0	山　东	3.056 741	0
甘　肃	0.767 368	0	黑龙江	3.091 703	0
吉　林	0.779 9	0	吉　林	3.254 208	0
重　庆	0.844 173	0	四　川	3.451 75	0
辽　宁	0.872 397	0	安　徽	3.622 59	0
新　疆	0.895 657	0	新　疆	3.735 857	0
青　海	0.913 54	0	重　庆	4.063 255	0
海　南	0.921 675	0	湖　南	4.191 733	0
河　北	0.922 4	0	甘　肃	4.298 701	0
广　西	0.946 008	0	山　西	4.330 335	0
河　南	0.950 355	0	河　南	4.535 274	0
贵　州	0.967	0	广　西	4.598 416	0
陕　西	0.978 279	0	陕　西	4.764 25	0
福　建	1.003 128	0	宁　夏	4.872 45	0.000 3
四　川	1.019 36	0	江　西	4.875 858	0
黑龙江	1.024 831	0	河　北	5.227 97	0
山　西	1.091 242	0	贵　州	5.288 326	0
湖　北	1.199 684	0	云　南	6.956 683	0
湖　南	1.213 603	0	内蒙古	6.984 318	0.030 8
山　东	1.296 745	0	福　建	7.324 874	0
江　苏	1.445 938	0	海　南	7.907 048	0
浙　江	2.492 587	0	青　海	10.932 55	0.000 1
广　东	2.684 084	0	西　藏	14.103 73	0.000 5

调整 R² = 0.99, D-W 值 = 2.02(Weighted Statistics)
调整 R² = 0.99, D-W 值 = 1.67(Unweighted Statistics)

注:"投资弹性"为每亿元投资能够产生的 GDP(亿元),"土地弹性"为每 1 平方公里城镇建成区面积能产生的 GDP(亿元);表中忽略了回归的常数项。

资的系数均显著,并且,总体的计量效果(调整后 R^2 和 DW 值)也不错,各省市的 GDP 均表现出对土地和投资的依赖。如果进一步将各省市 GDP 对土地和投资的系数与各自的 GDP 规模做一比较,我们发现,同土地财政和土地金融一样,GDP 的土地弹性也表现出规模报酬递减的趋势:在 GDP 规模高的地区(如广东),每新建 1 平方公里建成区所能产生的 GDP 仅为 1.5 亿元左右,而 GDP 规模低的内蒙古则高达近 7 亿元,28 个省市 GDP 的土地弹性与 GDP 规模的相关系数为-0.57。

不过,GDP 的投资弹性却呈现出规模报酬递增的趋势:在经济总量高的广东、浙江、江苏、山东等地,GDP 的投资弹性最高,每 1 亿元投资能够带来 2 亿元左右的 GDP;在经济规模低的内蒙古、云南等地,每 1 亿元投资仅能产生 0.5 亿元 GDP,28 个省市 GDP 对投资的弹性与 GDP 规模的相关系数为 0.74。在我国经济增长主要依靠要素投入的大背景下,这种 GDP 投资弹性随 GDP 规模递增的结果不应该理解为投资要素的边际报酬递增,而是应该从需求角度予以理解:在土地资源愈发匮乏的东部地区,GDP 的增长更加依靠投资的增长,而投资在支出法 GDP 构成中的份额越来越高。因此,GDP 投资弹性的规模报酬递增也恰恰反映了目前的增长方式不可持续。

土地 GDP 的不可持续还反映在当前城镇化的问题上。我们知道,城镇化对经济的推动作用主要来自人口的集聚。通过人口集聚,会在供求两个方面推动增长、改善民生:第一,从供给角度看,人口集聚会提高效率、推动技术进步,从而产生要素报酬规模递增的效应和生产成本规模递减的效应;第二,从需求角度看,人口集聚扩大了公共品需求的规模,从而有利于降低公共服务的成本——因为公共服务也是规模报酬递增或规模成本递减的,公共品需求的满足也将刺激其他类型的消费。但是,在 2003 年以来的"土地财政 2"模式下,我们看到的却不是人口集聚,而是人口密度的下降。图 2.9 显示,在"土地财政 2"尚未成型的 2002 年前,我国城市建成区的人口密度从 1.8 万人/平方公里上升到 2 万人/平方公里,但是,从 2002 年开始,人口密度持续下降至 2011 年的不到 1.6 万人/平方公里。所以,在目前土地财政,尤其是"土地财政 2"的模式下,希冀城镇化成为我国未来经济增长的动力是不现实的。

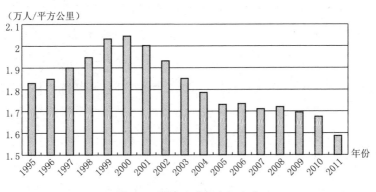

图 2.9 城镇建成区人口密度

资料来源:根据《中国统计年鉴》数据计算。

(二) 当前财政金融体制的问题:潜在的系统性金融风险

如果说当前财政分权和金融分权的体制导致经济增长的不可持续性,那么,更为严重的问题是,这种体制正在形成潜在的、愈发不可忽视的系统性金融风险。为此,我们先以已经爆发严重危机的欧元区为例,来看看财政和金融同时分权的后果。

欧元区实行统一的货币政策和分权的财政体制,但是,许多人可能并不知道,欧元区同样是金融分权的体制——欧元区成员国拥有实际的金融管理权（Freixas，Hartmann and Mayer，2008）。在欧元区层面，其金融管理架构属于"分权合作"（decentralization with cooperation）或"分权协调"（decentralization with coordination），而不是"集权"（centralization）；各个成员国的监管架构也有很大不同，有的是分业监管（sectoral），有的是功能性混业监管（cross-sector functional）或完全一体化监管（cross-sector integrated）。例如，根据马约（Maastricht Treaty）第 105 条款，欧洲中央银行（European Central Bank，ECB）负责价格稳定和管理支付系统，但是，在金融监管方面，ECB 与成员国中央银行（National Central Bank，NCB）的地位是一样，甚至连发生危机时提供应急流动性的功能都由 NCB 而不是 ECB 来担任。在这种情况下，当时的欧洲学者就认为，欧元区面临一种新的"不可能三角"（impossible trinity）：在"金融系统的稳定"、"成员国层面的金融监管"和"金融系统的统一"三者之中只能取其二。

不幸的是，在"不可能三角"中，欧元区选择了成员国层面的金融监管和金融系统的统一，结局就是金融系统的不稳定。在财政分权的背景下，为了本国的利益，无论是有意还是无意，各成员国都可能会利用金融分权的机会，争取在统一的金融市场获得更大份额的金融资源。①表 2.5 统计了欧元区德国和"欧猪五国"的杠杆率，显然，发生危机的五国都具有高得多的杠杆率。这里还有一个值得注意的现象：欧元区成员国杠杆率的差异一直存在，但是，从 2005 年开始，在"欧猪五国"杠杆率上升的过程中，欧元

---

① 最为恶劣的例子无疑是希腊政府联手高盛公司通过金融创新来掩饰其财政赤字。

区 10 国的杠杆率标准差也在扩大。这表明,在金融分权的状况下,不断统一的金融市场使得这样的差异在不断地扩大。

表 2.5　欧元区部分国家的信用总量/GDP(%)及
欧元区十国信用总量/GDP 的标准差

	德　国	葡萄牙	意大利	爱尔兰	希　腊	西班牙	标准差
1999	181.23	173.44	162.06		128.23	130.53	
2000	182.79	187.94	165.23		155.20	152.38	
2001	185.76	210.22	172.60	168.29	168.23	164.11	34.53
2002	193.53	225.12	178.77	171.61	177.11	176.15	35.72
2003	198.55	238.68	185.14	184.61	183.47	187.22	37.70
2004	199.32	249.19	192.78	204.11	198.98	205.29	33.99
2005	200.35	268.95	203.80	232.81	213.66	227.78	34.38
2006	195.09	284.33	211.15	252.37	229.41	256.05	37.63
2007	191.90	304.71	219.95	272.56	244.48	275.45	43.03
2008	198.66	334.75	233.73	322.99	269.91	294.46	50.06
2009	216.15	364.17	258.58	368.04	297.66	318.81	56.75
2010	223.77	371.70	259.12	371.15	292.08	326.25	56.97
2011	226.69	378.47	254.96	406.62	267.52	328.54	64.99

　　资料来源:根据欧洲中央银行及欧元区成员国央行数据计算;信用总量包括贷款、债券等债务类工具。

　　在财政分权和金融分权趋势下,我国的杠杆率自 2009 年以来也在迅速上升。表 2.6 中统计了我国主要信用工具与名义 GDP 之比,其中,仅考虑人民币信贷,2012 年的杠杆率为 115%,但是,如果将"银行的影子"(即银行部门对其他存款性公司和对其他金融机构的债权)、国债、非金融企业债券加上,则 2012 年的杠杆率达到了 194%,比 2008 年上升了近 50 个百分点。同时,31 个省市贷存比和信贷/GDP 比率也存在差异,并且,差异的程度(反映在两个指标的标准差上)也分别从 2005 年和 2008 年出现了显著的上升。

表 2.6　我国杠杆率的测算(%)

	人民币信贷/GDP	对其他存款性公司债权/GDP	国债/GDP	非金融企业债券/GDP	对其他金融机构债权/GDP	总杠杆
2005	105.27	19.03	18.58	1.76	5.77	150.40
2006	104.18	19.27	16.95	2.52	5.50	148.42
2007	98.45	21.19	20.21	2.94	4.80	147.59
2008	96.61	24.12	17.50	4.18	3.96	146.37
2009	117.24	28.72	18.12	7.44	4.98	176.50
2010	119.35	33.49	17.16	9.11	4.92	184.01
2011	115.82	37.93	15.43	10.55	7.26	186.98
2012	114.85	42.05	15.05	14.03	8.06	194.04

　　资料来源:根据中国人民银行相关数据计算;"对其他存款性公司债权"和"对其他金融机构债权"均为"其他存款性公司"(即整个银行部门)的债权。

　　由此观之,虽然我国的杠杆率水平低于欧元区,省市之间的差异程度也小于欧元区成员国之间,但是我国显然也正在面临与欧元区同样的"不可能三角":如何在金融系统统一、但金融分权趋势不断加大的情况下,保持金融系统的稳定。毫无疑问,统一和稳定的金融系统是我们必然的选择,因此,金融分权的趋势必须扭转。

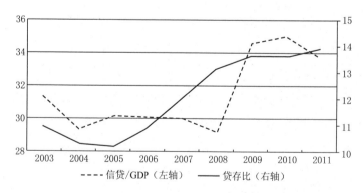

图 2.10　全国各省市信贷/GDP 的标准差和贷存比的标准差

注:根据 CEIC 数据计算。

（三）"顶层设计"：基于公共财政的财政分权和基于金融市场化体制的金融集权

2003 年以来的财政分权和金融分权在导致我国经济增长方式不可持续的同时，正在形成潜在的巨大系统性风险。这种体制必须改革，改革的方式不能是碎片化和"自下而上"的，必须是财政和金融体制同时进行的系统性改革。改革的方向应该是基于公共财政的财政分权和基于金融市场化体制的金融集权，这里，"援助之手"到"无形之手"的转变是根本：对于财政体制来说，要求从增长型财政转向公共财政；对于金融体制来说，要求从金融约束转向金融市场化体制。

第一，从"援助之手"转变为"无形之手"。

从"援助之手"转变为"无形之手"首先是因为，随着经济发展，"援助之手"的效力越来越低下。发展经济学和转型经济学早就注意到，在苏联和 20 世纪 90 年代之前的东亚新兴经济体中，强有力的计划经济和政府主导的模式之所以能够获得相当程度的成功，就在于经济发展之初资本的短缺和高效投资项目的易于识别。在这种情况下，一只有力的"援助之手"通过产业政策和限制竞争，可以迅速突破资本短缺的瓶颈，通过投资有利的项目推动经济增长。但是，随着经济的逐步成熟，资本短缺已经变成"流动性过剩"，能够推动未来经济增长的投资项目越来越不易识别，"援助之手"就会变成"无能之手"，甚至"攫取之手"。

从"援助之手"到"无形之手"的转变还在于，随着经济的发展，对"无形之手"的需求越来越大。在财政方面，"瓦格纳法则"表明，公共品需求具有很高的收入弹性，因此，经济越发达，公共品需求越大——这种需求只能在公共财政体制而非增长财政体制下才能得到满足。在金融方面，随着经济增长，"过剩的"资本要追逐越来越难以识别的投资项目,因此,就需要具有广度和深度的多层次金融市场来挖掘、发现和扩散信息,需要有运转良好的金融市场来管理、分散投资风险——显然,这只能在金融市场化体制而非金融约束体制下才能得到满足。

第二,从增长型财政下的财政分权转变为公共财政下的财政分权。

对于财政体制改革,从增长型财政到公共财政转变的重点在于财政支出的改革,同时,财政分权也应该以支出的分权为主。我们已经知道,虽然增长型财政与公共财政在财政收入和支出方面都存在差异,但是,支出方面的差异是最重要的,它界定了两者作为"援助之手"和"无形之手"的本质差异。事实上,在财政收入方面,即使是实施公共财政体制的国家(如美国和德国)也存在很大差异。所以,改革首先应该将财政支出从政府直接或者间接的投资支出转向为全社会提供公共品。目前学界和社会所关注的财政改革措施(如"营改增"、房产税、所得税等)都集中在财政收入方面,这些改革或许必要,但绝非重点。

以财政支出改革为重点就意味着财政分权体制的改革也应该以财政支出的重新分配为重点。公共财政体制下财政分权的必要性已经在早期的财政联邦主义理论中说得很清楚,但是,既有的财政理论都无法回答这个问题:如何从当前增长型财政体制下的分权过渡到公共财政体制下的分权呢?答案在于财政支出的重新分配:中央政府应该利用现有的财力(如国有企业利润和用于转移支付的中央财政收入),承担起提供全国性公共品的责任。这样做的好处之一在于,在转变政府职能方面,中央起了模范带头作用;好处之二在于,通过建立全国统一的劳动力要素市场,增加劳动力要素的流动性,约束尚未转型的地方政府。

　　约束地方政府的关键就是约束"土地财政 2"。前文已经说明,户籍制度和公共品的区域分割是导致劳动力要素市场分割乃至"土地财政 2"猖獗的两个重要因素,对于这两个因素,前者显然是后者的因,但是,反过来看,也正是公共品的区域分割使得户籍制度得以维持、难以改变,因为取消户籍制度就意味着地方政府要承担更多的公共品供给的责任。对此,中心城市显然会更有压力、更加反对,这也是我国户籍制度改革迄今主要发生在小城镇的原因。①所以,中央财政的支出转向提供统一的公共品,就是打破公共品区域分割、推动户籍制度改革、进而造就全国统一劳动力要素市场的基本前提。

　　除了中央支出的转变之外,约束"土地财政 2"还需要改革当前的土地出让金制度。在前文关于"土地财政 2"和"土地财政 1"的三个差异中,第二个差异,即土地出让金的一次性征收,也是地方政府寅吃卯粮、大肆圈地的重要原因。因此,应该从现在的一次性征收转变为在土地使用期限内按年度征收。这既可解决地方政府短视行为造成的增长不可持续乃至金融风险,也有利于探索中国版本的市政债,解决城镇化进程中的融资问题。在改变土地出让金收入制度的同时,支出需要进一步做透明化的制度安排。通过土地出让金制度的改革,或许能够较快地解决财政理论界长期呼吁的省以下财政分权体制改革。至于房产税改革,那是方向,但远水不解近渴。

　　第三,从金融约束体制下的金融分权转向金融市场化体制下

---

　　①　如 1997 年 6 月的《小城镇户籍管理制度改革试点方案和关于完善农村户籍管理制度的意见》、1998 年 7 月的《关于解决当前户口管理工作中几个突出问题的意见》和 2001 年 3 月的《关于推进小城镇户籍管理制度改革的意见》等,都是针对小城镇的户籍制度,2001 年最终停止了对小城镇常住户口的计划指标管理。

的集权。

在金融体制改革方面,从金融约束向金融市场化体制的转变首先需要"条条"职能的转变,即从行政审批、价格管制和干预微观金融活动的行政干预体制转向以维护市场公平竞争和宏观金融稳定的市场化监管体制。事实上,正如金融约束论的作者们所担心的那样,现在各个"条条"正在变成权力的既得利益者,正在成为改革的阻力。

在职能转变的同时,应该顺应混业经营的趋势,重新设计"条条"的架构,从当前多头分散的管理体制转向集中统一的管理体制,避免"条条竞争、块块得利"。需要注意的是,建立集中统一管理体制的前提是"条条"职能的转变,在依然是行政干预的体制下,权力的过快集中将会迅速扼杀金融创新的活力(殷剑峰,2006)。当前,在潜在的系统性金融风险日益不容忽视的情况下,统一管理体制的第一步应该是尽快建立一个横跨"条条"的信息收集、整合和分析的平台,以摸清我国总体及各地区、各部门的杠杆和偿债能力,并形成对宏观金融风险持续的跟踪评估机制。

在"条条"职能转变和重构的过程中,应该加强对地方的金融约束。这不仅是因为金融改革就是要从金融约束体制下的分权转向金融市场化体制下的集权,而且也是因为过去的财政和金融分权体制正在导致潜在系统性风险的集聚。2011年对各地证券交易所的清理(如同20世纪90年代的清理一样)只是一个开始,未来应该从三个方面加强金融约束:第一,应该对基于土地抵押,尤其是与地方城建行为相关的银行信贷(包括"影子银行"和"银行的影子")予以控制,在透明化的同时,提高这些信贷的风险权重和拨备要求;第二,对地方所属的各类金融机构进行全面调查和清理,尤其是近些年以服务中小企业和实体经济为名而发展起

来的各种金融机构(如小贷公司);第三,对地方以推动金融改革
开放为名而实施的绕开资本项目管制的作法予以制止,重点是约
束珠三角地区吸引境外人民币流入的作法,因为这将引发类似于
日本 1990 年发生的危机(殷剑峰,2011)。

四、结语:相互协调、共同推进的财政金融体制改革

自改革开放以来,我国财政金融体制的演化经历了三个阶
段:1994 年前的财政分权、金融分权,1994 年至 2002 年的财政分
权和金融集权,2003 年以来的财政分权、金融分权。历史似乎又
回到了起点,而我们对那个起点的记忆是货币超发、信用膨胀、通
货膨胀乃至社会的动荡。所以,对引言中提出的三个问题,我们
回答如下:第一,金融只能集权,不能分权。因为在财政分权背景
下,金融分权的恶果是经济增长方式的不可持续和系统性金融风
险的集聚。第二,"自下而上"式的改革已经无法解决过去十年来
的积弊,并且,这种改革方式本身是在造成新的、可能是更为严重
的问题,而不是解决问题。第三,"顶层设计"的方向是公共财政
体制下的财政分权和金融市场化体制下的金融集权,其根本在于
政府的职能从"援助之手"向"无形之手"的转变。

既然是"顶层设计",那么,财政体制改革和金融体制改革就
必须协调配合、共同推进。首先需要意识到,没有财政体制的改
革,金融改革是不可能完成的。例如,作为一个老大难的问题,中
小企业融资难的重要成因就是,在现有的土地财政模式下,这些
企业不太可能拥有信贷的抵押品——土地;在地方政府行为不改
变的情况下,过快放松资本市场(股票和债券市场)的审批制有可
能会使得市场中的逆向选择和道德风险更为严重,而股票市场退

市制度之所以长期无法有效实施也在于地方政府对所属上市公司的保护。更重要的是，在财政体制不改革的情况下，过快的金融改革意味着金融约束的放松和系统性金融风险的集聚。

另一方面，没有金融改革，财政改革也将步履维艰。金融改革助力财政改革的第一个方面就是为财政分权体制下各地政府的城镇化融资需求服务。在城镇化的进程中，地方政府客观上存在着巨大的融资需求。在金融约束尚无法立刻取消的时候，可以探讨利用透明的债券市场满足这样的需求，从而取代不透明、导致风险积聚的银行信贷，甚至是影子银行。例如，在当前的法律制度下，美国式的市政债无法推出，但完全可以允许地方的城投公司以购房者分年度缴纳的土地出让金作为偿债现金流，发行中国版本的市政债。

金融改革助力财政改革的第二个方面涉及财政的赤字融资问题。我们知道，从增长型财政转向公共财政意味着财政的赤字倾向，这首先源于两种财政体制在收支两个方面的差异：根据瓦格纳法则，公共品需求的高收入弹性将导致财政支出的加速扩张，表现为财政支出/GDP 的上升；同时，公共财政体制下的支出不像增长型财政体制下的支出（政府投资）那样可以直接产生GDP 和财政收入；此外，未来转向以直接税为主的收入结构也将导致财政收入的刚性，因为政府难以通过提高所得税率来增加财政收入。为未来的财政赤字融资无疑得依靠债券市场的不断发展和结构优化，在 2019 年基于劳动力转移的高储蓄、高投资、高增长格局结束之后（殷剑峰，2012），财政赤字融资还将取决于人民币是否能够成为关键的国际储备货币——其前提显然也还是金融市场化体制下具有深度、广度、并且是高度开放的在岸人民币金融市场。

最后需要说明的是，本文所讨论的"顶层设计"并非什么新鲜事物。在党的十四届三中全会上通过的《中共中央关于建立社会主义市场经济体制若干问题的决定》就是标准的"顶层设计"。其基本思想——"建立社会主义市场经济体制，就是要使市场在国家宏观调控下对资源配置起基础性作用"——迄今依然有效，随后形成的有关财政、金融、国有企业、政府体制和对外开放的各项改革措施在今天也还有借鉴意义。我们期盼这样的"顶层设计"！

参考文献

布鲁和格兰特：《经济思想史》，北京大学出版社 2008 年版。

陈抗、Arye L. Hillman、顾清扬：《财政集权与地方政府行为变化——从援助之手到攫取之手》，《经济学（季刊）》2002 年第 2 卷第 1 期。

丁骋骋和傅勇：《地方政府行为、财政—金融关联与中国宏观经济波动》，《经济社会体制比较》2012 年第 6 期。

李学文、卢新梅、张蔚文：《地方政府与预算外收入：中国经济增长模式问题》，《世界经济》2012 年 8 月。

李扬和殷剑峰：《劳动力转移过程中的高储蓄、高投资和中国经济增长》，《经济研究》2005 年第 2 期。

骆祖春：《中国土地财政问题研究》，南京大学博士研究生论文 2012 年。

麦金农（1973）：《经济发展中的货币与资本》，上海三联书店 1988 年版。

毛泽东（1956）：《论十大关系》，《毛泽东选集》第 5 卷，人民出版社 1977 年版。

沃尔顿和罗考夫：《美国经济史》，中国人民大学出版社 2011 年版。

张汉亚和张欣宁：《政府该管什么？——中国投资体制改革的历程》，江西人民出版社 2005 年版。

张军：《分权与增长：中国的故事》，《经济学（季刊）》2007 年 10 月。

殷剑峰：《中国金融产品与服务报告（2006）》，社会科学文献出版社 2006 年版。

殷剑峰：《人民币国际化："贸易结算＋离岸市场"还是"资本输出＋跨国企业"？》，《国际经济评论》2011 年第 4 期。

殷剑峰：《人口拐点、刘易斯拐点和储蓄/投资拐点》，《金融评论》2012 年第 4 期。

周飞舟:《分税制十年:制度及其影响》,《中国社会科学》2006 年第 6 期。

周黎安:《中国地方官员的晋升锦标赛模式研究》,《经济研究》2007 年第 7 期。

周小川:《我国金融改革中自下而上的组成部分》,《中国金融》2012 年第 23 期。

Blanchard, O., and A. Shleifer, 2000, "Federalism With and Without Political Centralization: China versus Russia", MIT working paper.

Freixas, Hartmann and Mayer, 2008, *Handbook of European Financial Markets and Institutions*, Oxford University Press.

Hellmann, Murdock and Stiglitz, 1997, "Financial Restraint: Towards a New Paradigm", *The Role of Government in East Asian Economic Development Comparative Institutional Analysis*, Clarendon Press: Oxford: 163—207.

Tiebout, 1956, "A Pure Theory of Local Expenditure", *Journal of Political Economy*, 64(5):416—424.

Xu and Qian, 1993, "Why China's Economic Reforms Differ: The M-form Hierarchy and Entry/Expansion of the Non-state Sector", *Economics of Transition*, 1(2):135—170.

第3章
中国渐行渐近的金融周期

彭文生

过去 40 年在金融自由化、政府对私人财富隐性担保、宏观政策过度依赖信贷的大环境下,全球范围内金融的顺周期性成为驱动经济中期波动的重要力量,甚至带来了金融危机。有别于实体与金融相割裂的传统视角,本文在金融周期的分析框架下,聚焦信用和房地产相互促进的机制,联系金融和实体、总量和结构,提供一个从金融看宏观经济的全景式分析。

一、对当前经济形势的分析

当前经济形势的特征之一,是传统的经济周期似乎在消失。今年资本市场争议的一个热点,就是有没有新周期。有人认为新周期已经开始或者即将开始;但也有人相对悲观一点,认为没有新周期。如何看待这个问题? 如果看传统的经济周期指标,比如说GDP 和通胀,经济周期似乎在消失。中国的 GDP 增长近几年非常稳定,波动性比过去明显下降。相应地,CPI 通胀率也在低位而且波动性下降,传统的经济周期波动特征降低了。这不是中国独有的现象,最近几年欧美经济似乎也呈现这种状况,美国经济不温不火,虽然没有差到进入衰退,但也没有好到经济过热、通胀上升。在全球来讲,这也不是新的现象,在全球金融危机之前,国际上有个流行的词叫"大缓和"时代——"The Great Moderation",描述的就是增长和通胀波动下降、宏观经济稳定的环境。当时,市场和政策都觉得这是好事情,欧美央行甚至认为找到了维护宏观经济稳定的"灵丹妙药"。但后来的金融危机显示,经济短周期的波动小了,但一旦有波动就是比较大的冲击,我认为这和金融的过度扩张有关。

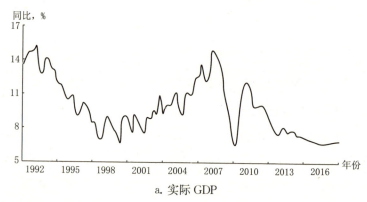

a. 实际 GDP

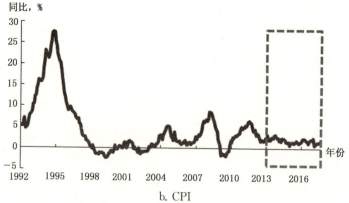

b. CPI

图 3.1　近年来中国 GDP 增长波动下降同时通胀稳定在低水平

资料来源:Wind 数据库。

　　现在是不是又在重复昨天的故事呢？美国似乎回到宏观经济稳定、增长不温不火、通胀持续在低水平的状态，与此同时，金融资产价格不断上升，美国的房地产价格回到甚至超过次贷危机前的高点，美国股市指数屡创新高。而中国实际上也是在经济增长和通胀稳定的同时，房价持续上涨，经历过 2015 年"股灾"后，今年股市呈现结构性牛市，上证 50 和上证综指分化明显，少数的大盘股、银行股升得较多。理解宏观经济的一个重要问题就是如何看待这种实体经济和金融走势似乎在短期分离，宏观经济短期波动小，但中期波动大的现象。

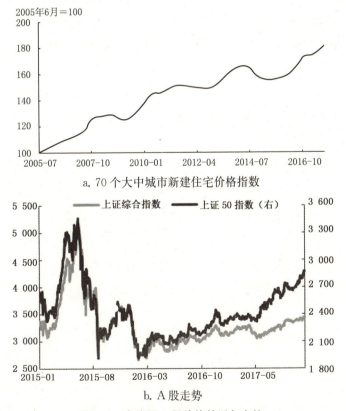

a. 70 个大中城市新建住宅价格指数

b. A 股走势

图 3.2　房价及 A 股价格的近年走势

资料来源：Wind 数据库。

当前经济形势的特征之二，是结构失衡。结构失衡已经讲了很多年，但党的十九大对社会主要矛盾转换的表述把发展不平衡提到了前所未有的高度。那么发展不平衡或者结构失衡体现在哪些方面呢？一是消费与投资的失衡；二是工业与服务业失衡，服务业发展滞后，工业产能过剩；三是金融与实体失衡，金融应回归服务实体经济；四是上一代与下一代、代际之间的不平衡，受计划生育政策影响，我们有一代人生育率大幅下降，由此导致的代际之间无论是劳动力还是财富占有都不平衡，这是影响宏观经济结构的重要方面；五是环境质量的不平衡；六是区域发展的不平衡；此外还有就是收入分配的差异，贫富差距。我认为在以上所有的不平衡中，最根本、最大的不平衡就是收入分配的差异。

经济结构失衡可以从以下指标来观察。其一，过去十多年重工业在整个工业中的占比一直上升，只到近几年才有所稳定，这带来了产能过剩、环境污染等诸多问题，2016 年京津冀的空气污染指数比 2013 年明显恶化。另一个值得关注的指标是金融业占GDP 的比重自 2006 年以来持续上升，现在已超过了号称金融强国的美国以及日本相应的比例。我们现在在强调金融要服务实体经济，怎样来定义呢？发行金融衍生品和企业贷款，哪个更能服务实体经济呢？给污染或产能过剩行业的企业发放贷款是否服务于实体经济？现实中恐怕很难进行清晰的划分，我认为还是要看最终的分配。金融占国民收入分配的比例不断上升，就很难讲服务于实体经济。

最近国际清算银行有一篇论文，作者发现过去几十年金融规模（以信贷量来衡量）对 GDP 的比例持续上升，当然这和金融自由化、放松管制、放宽市场准入、金融竞争加剧有关系。在其他大多数行业，竞争增加、市场参与者和供给增加，意味着产品的单位成本会下降。但这篇论文的实证结果是，信贷的单位成本在过

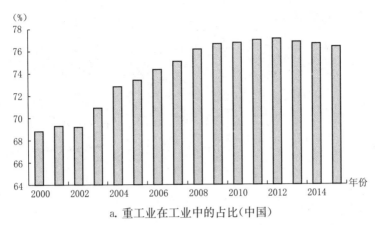

a. 重工业在工业中的占比（中国）

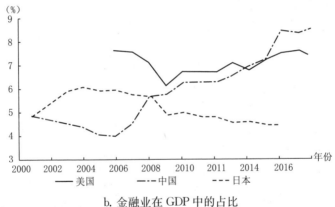

b. 金融业在 GDP 中的占比

图 3.3 中国重工业在工业中及金融业在 GDP 中的占比居高

资料来源：Wind，作者整理。

去几十年没有下降，也就是说金融扩张、金融市场的竞争并没有带来金融服务实体经济的单位成本下降，而量又大幅上升，必然意味着金融在国民经济分配中占比上升。所以这并不是中国独有的，而是过去几十年的一个全球性现象，金融的发展更多是为自身服务，而不是实体经济。

结构失衡的另一个体现是，中国已经处在从中等收入国家迈向高收入国家的阶段，生活水平大幅提高，财富大量累积，但财富的分配或者说占有失衡。按统计局数据，中国收入差距的基尼系数近年来有所下降，原因是劳动力供应紧张、工人工资上升，但根据瑞信全球财富报告，近年来中国的财富基尼系数却在大幅上升。财富的差距重要还是当期收入的差距重要呢？经济学有一个词叫"永久收入"，财富代表的是"永久收入"，财富的差距比当期收入的差距更加重要，贫富差距扩大是我们发展不平衡的重要方面。

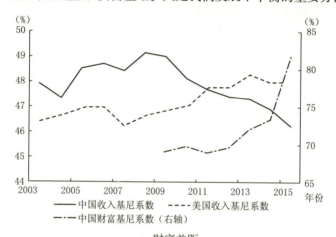

a. 财富差距

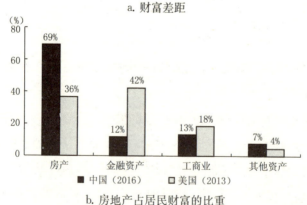

b. 房地产占居民财富的比重

图 3.4　中国近年来陡升的财富差距及居民财富中高居的房地产比重

资料来源：上图为 Wind 数据库、瑞信全球财富报告及联合国人口署数据库。下图为家庭金融资产配置风险报告，2016，西南财经大学中国家庭金融调查与研究中心。

另外,和其他国家相比,中国居民财富接近 70% 是房地产,而美国只有 36%,这意味着中国居民的财富大量滞留在非生产性的、流动性很低的资产中。也就是说,我们的财富占有更多的是蛋糕的分配,而不是为蛋糕的增加作贡献。

二、从金融周期角度看经济

总体来看,目前中国传统的经济短周期波动在下降,金融在扩张,同时经济发展存在多方面的不平衡,最根本是收入分配的差距。为什么中国会出现这样的状态? 有没有一个逻辑自洽的框架来分析这样的周期与结构问题呢?

因此,我提出了从金融周期的角度来看经济的分析框架。全球金融危机以后,国际学术界、政策机构尤其是国际清算银行、IMF,提出了金融周期的概念并有越来越多的研究。我是国内较早系统阐述金融周期的研究者。金融周期源自金融的顺周期特征,使得金融波动对宏观经济的影响不像传统的经济周期波动那么频繁,但是一旦资产泡沫破裂、发生金融危机,就会造成很大的经济冲击。金融为什么会有顺周期性呢? 学者们提出了各种假设,但有一个基本共识,就是房地产是金融顺周期性的最根本、最主要的因素之一。房地产的长存续期与回报期使其成为信贷的优良抵押品,银行信贷和作为抵押品的房地产相互促进:信贷扩张,房价上涨;房价上涨,抵押品价值上升,银行放贷意愿增强,房价进一步上升,两者呈螺旋式上升一直到泡沫破裂、房价下跌,整个过程逆转。从房价上升、加杠杆转向房价下跌、去杠杆,这就是金融周期。

金融周期和经济周期的差别何在? 首先体现在周期长度,一个完整的金融周期大概持续 15—20 年,而经济周期相对较短,只有 1—8 年;此外,金融周期的代表性指标是银行信贷和房地产价格,传统经济周期的代表性指标是经济增长和通胀。我们根据银行信贷和房地产价格估算了中美欧的金融周期,抹平短期波动,看其中期波动。可以看到,美国金融周期上一次的拐点是次贷危机,之后经过几年痛苦的调整,房价下跌、去杠杆,到 2013 年下半场调整见底,美国开始进入新一轮金融周期的上升阶段,这也是近几年美国经济表现较好、美联储进入新的加息周期的原因。欧元区的金融周期拐点以 2011 年的欧债危机为标志,表面上看是希腊、西班牙等南欧国家的政府债务危机,但根本上还是房地产泡沫和银行信贷扩张导致的问题——希腊、西班牙没有独立的央行,所以房地产泡沫破裂后,银行出问题只能政府救助,从而银行债务危机演变成了政府债务危机。

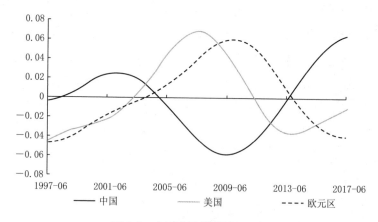

图 3.5 中国金融周期接近顶部

资料来源:BIS, CEIC, Wind 数据库。

欧美金融周期下半场调整的时候,中国正处于金融周期的上升阶段,在某种意义上讲,过去十年中国金融周期的繁荣——房地产的繁荣和信贷扩张,拯救了全球经济。而现在,美国金融周期在缓慢上行,欧元区金融周期也在见底,中国要利用好欧美未来几年处在金融周期上行阶段的机会,抓住外需比较好的时机,来促进自身金融周期调整。目前中国处在金融周期接近顶部的位置,也是金融风险最大的时候,这也就解释了为何今年全国金融工作会议特别强调要加强金融监管。此外,今年央行在三季度货币政策执行报告中首提"金融周期",强调要建立货币政策和宏观审慎监管的双支柱调控框架。

当然,在中国这样的政策框架和金融机构多为国有的情况下,发生美国式系统性金融危机的概率较小,但不发生金融危机不代表没有问题,金融周期在很大程度上加剧了中国经济结构的失衡,金融和房地产的扩张带来了结构性扭曲,挤压实体经济越来越严重,以下几个指标可见一斑。

从国内上市公司债务占比的数据来看,房地产和建筑业占用的信贷资源最多,而其他经济部门包括食品饮料、计算机、纺织服装、轻工等占用就很少。因此,在金融周期上行阶段,房地产相关行业最受益于信贷扩张。

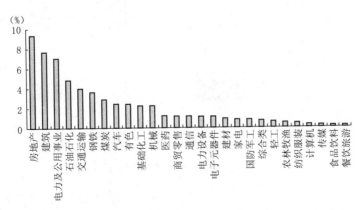

图 3.6　2016 年 1 季度末各行业上市公司债务占上市公司总债务的比重

资料来源:Wind 数据库。

此外在中国,政府对非金融部门信用进行隐性担保的现象比较突出。根据股票的期权价格和债券的风险溢价,可以估算出股债所隐含的预期收益差别,这个差别就反映了政府隐性担保的价值。从行业来看,房地产相关行业享有的政府隐性担保最多;从所有制来看,国企享有的政府隐性担保较民企高得多。

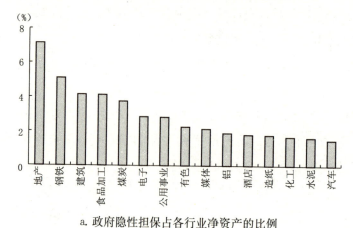

a. 政府隐性担保占各行业净资产的比例

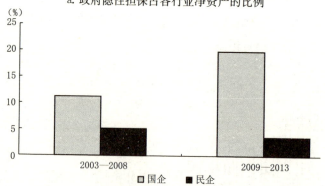

b. 政府隐性担保与净资产的比例

图 3.7 政府隐性担保偏向房地产相关行业及国企

资料来源:Wind,作者整理。

所以我们现在讲去杠杆,是去什么杠杆呢? 杠杆永远是结构性的,不存在一个总体杠杆,因为甲的负债就是乙的资产。当前国内的高杠杆率主要体现在两个方面，从所有制来看，国企的资产负债率在 2008 年后持续上升，目前有所稳定，民企的资产负债率在 2008 年之后反而有所下降；从行业来看，房地产行业的杠杆率最高，并且还在持续上升，其次是产能过剩行业杠杆率，所以去杠杆的重点领域应该是在国企和房地产行业。

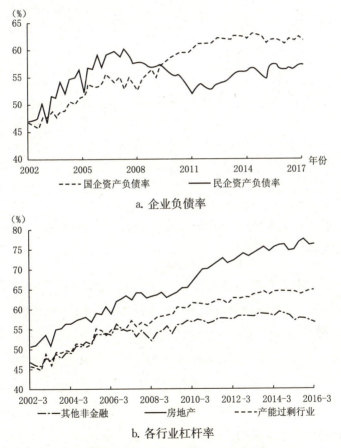

a. 企业负债率

b. 各行业杠杆率

图 3.8　国企和房地产行业的高杠杆率

资料来源：Wind 数据库。

另外，金融周期的扩张加大了贫富差距。通过估算各行业的实际收入对 M2 的弹性系数,即 M2 增长 1% 各行业收入的变动情况,发现银行和保险、房地产分别排在第一位和第二位,从金融周期的角度可以较好解释这一现象。银行作为信贷的供给方,房地产作为信贷的需求方,两者相互促进,导致金融业和房地产的双繁荣,这两个行业的从业人员进而最受益。

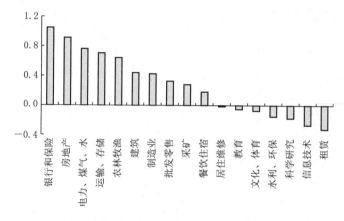

图 3.9 从实际工资对广义货币的弹性看信用扩张加剧贫富分化
资料来源:Wind 数据库。

环境污染问题与金融周期也有关系。中国金融周期的繁荣和美国、日本的金融周期繁荣有较大的差别,过去十年房地产市场的繁荣、房地产交易量的攀升,多以新建住房为主,新房交易量增加会拉动房地产开发投资,与此相联系的上游产业如钢铁、水泥行业也会大发展,进而带来环境污染。而美日二手房与新房交易比例较中国要高得多,对环境影响相对较小。另外,环境污染和房地产繁荣支撑的土地财政也有一定关系,后者拉动的投资会在一定程度上加剧污染。

总之,从总量波动来讲,金融周期符合宏观经济短周期波动小、中期波动大的特征,同时,金融周期影响经济结构,即使不发

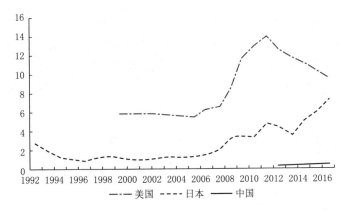

图 3.10 二手房与新房交易量之比

资料来源：Wind 数据库。

生大的金融危机，房地产和金融过度扩张也会带来经济结构扭曲
和发展的不平衡。

三、十九大后经济新格局

在金融周期的分析框架下，结合十九大的政策新格局，我们
要如何理解未来经济的发展？十九大报告中一个重要表述就是
社会主要矛盾发生变化，即"人民日益增长的美好生活需要和不
平衡不充分的发展之间的矛盾"。怎样理解不平衡不充分的发
展？我认为当前中国最大的不平衡就是收入分配的差距。金融
周期的繁荣加大贫富差距，贫富差距拉大往往会促使政策依靠金
融来帮助低收入群体，进而又加大信用的扩张，形成恶性循环。

十九大报告中关于经济发展的一些论述和政策方向，很多都
是着力于促进公平。传统意义上，经济学认为公平和效率存在一
定矛盾，难以兼顾。但全球金融危机后，越来越多的人认为公平
和效率可以兼顾。在收入分配的两个阶段，初次收入分配以效率

为导向，这其中存在一些扭曲，纠正这些扭曲可以同时促进效率和公平。就我们中国的实际情况而言，扭曲之一是权力寻租，既不公平也影响效率；扭曲之二是房地产，土地作为特殊的生产要素，其垄断属性使得地价上升不能够像其他生产要素价格上升一样通过竞争提高效率来消化，而只能通过增加其他行业的成本来消化。所以我们在收入分配的第一阶段存在以上两个问题，如何解决？我们看到，反腐的持续推进已经取得明显成效，现在政府开始强调要建立房地产健康发展的长效机制，实现"房子是用来住的，不是用来炒的"，所以说第一阶段的收入分配中两个最大的扭曲因素正在被纠正。

但同时，我们在二次收入分配上也存在问题。比较中美两国财政支出中对个人转移支付占比，中国要低很多，可见中国财政支出的结构有待改进。十九大报告强调促进基本公共服务的均等化，实际上就要求财政支出结构的变化，而十九大报告辅导读本中财政部分也提出，未来要降低专项转移支付、增加一般性转移支付，通常专项转移支付往往和投资项目联系在一起，一般性转移支付和社会保障更相关。

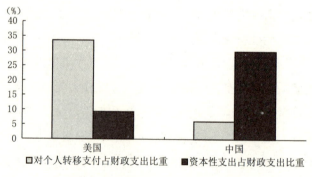

图 3.11　中国财政支出结构有待改进

资料来源：Wind 数据库。

　　此外还有税收制度存在的问题。从国际比较来看,中国流转税占比明显高于其他国家,达 60% 之多。流转税首先是对消费征税,实际上对中低收入家庭征税更多,因为该群体消费占收入的比例高进而实际税率就高。巴西和印度与我国流转税占比较为接近,这两个国家贫富差距都比较大。目前我国的税收结构主要存在以下不合理:对劳动征税、对资本不征税;对消费征税、对投资不征税;对低收入家庭的实际税率较高,这些都需要我们未来去改进。

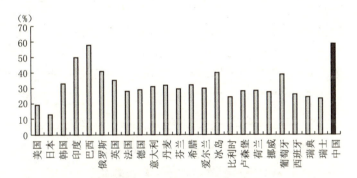

图 3.12　从各国流转税占税收比重看中国流转税占比较高

注:中国为 2016 年数据,其他国家为 2002—2007 年数据。
资料来源:Wind 数据库及联合国数据库。

　　贫富差距是一个全球性的现象,有人认为,美国的贫富差距大但消费差距并没有扩大,因此没有必要担心贫富差距。但美国的情况是,财政在税收和支出两个方面进行了二次分配的调节,使得其可支配收入的差距比首次分配时的市场收入差距明显降低,美国的可支配收入差距并未有太多扩大,这与财政的二次分配有关。

　　所以,中国未来结构性改革的方向中,财税体制改革尤其重

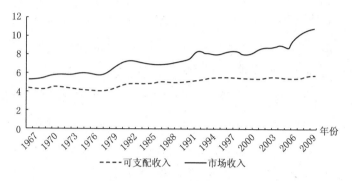

图 3.13　美国前 5% 与后 20% 收入者的收入对比

注：市场收入是指工资收入、商业和农场收入、利息收入、股利和私人转移收入（包括赡养费和子女抚养费）；可支配收入＝市场收入＋政府转移支付（包括社会保障、失业保险和社会救济）。

资料来源：Niedorf Vasuals, Inequality, Recessions and Recoveries.

要，这其中包含两个重要方面——财政支出结构和税收结构的改善。十八届三中全会公报已明确指出，"要逐步提高直接税比重……加快房地产税立法并适时推进改革"，直接税主要包括劳动所得税和资本所得税两类，目前中国的劳动所得税已经很高，要增加的直接税应该是资本所得税。所以我相信，未来几年房地产税是一定会被推动的。

改善发展不平衡、促进公平，有利于纠正金融周期扩张带来的结构扭曲，促进金融周期转向调整。当然，促进金融周期调整更需要货币金融政策的调控。目前我国的金融周期接近顶部，什么因素可能会触发金融周期转向呢？紧货币或者紧信用，其中紧信用主要是指加强金融监管。从近期央行联合其他监管机构发布的关于资产管理新监管要求可以看出，全国金融工作会议后确立的未来加强金融监管的方向十分清楚，也是落地有力的。市场上还有不少人怀有侥幸心理，认为加强监管是运动式的，过去就过去了。我认为这一次真的不一样，是金融监管一个大的方向性的改变。监管是走向规范,金融机构要聚焦主业,要实行严格的牌照经营管理。从全球来看,金融业在 GDP 中占比越来越高,尤其是在我国金融市场出清空间较小、存在政府隐性担保的情况下,若再不监管,风险必将进一步累积,因此加强金融监管是未来的一个大方向。

此外,当前的环保力度在加强。从 2016 年成立至今,中央环保督查组已开展了四批环保督查工作,从其公布的拘留约谈问责人数来看,督查力度越来越大,而基层的环保检查执行效率也确实不同于过往。同时,环保力度加大对宏观经济也有影响,涉及到外部性定价的问题。短期内,环保力度加强会带来"类滞涨",即物价上升而消费量下降。但长远来看,加强环保有利于百姓生活质量的提高。我们现在降低了对短期增长的重视,更加重视中期的可持续增长,重视经济增长的质量,重视百姓生活质量的提升。

2018 年,中国的经济增速会较 2017 年有所放缓。从金融周期的角度来看,我国金融周期接近顶部,美国金融周期上行,政策上应该会有明显差别。我国金融周期接近顶部,明年的政策组合可能是稳货币、紧信用,为了缓冲紧信用对经济的冲击,财政可能会有一点放松和扩张。尤其今年准财政比较紧,明年可能会扩张一些。美国处在金融周期上半场,叠加特朗普要放松金融监管,所以信用会扩张,同时,税改、基建意味财政扩张,松信用叠加宽财政,必然要求紧货币,所以美国要加息、缩表。中国在紧信用、加强监管的情况之下,从 M2 增速降低、资金利率上行可以看到,目前信用放缓正在发生,这意味着明年的经济增长会较今年有所放缓,放缓的幅度多大,还要看未来政策环境的演变。我认为,在当前经济增长放缓是好事,有利于促进金融周期转向、改善经济结构。

  最后，我们要少关心传统经济周期的波动，GDP 增长高一点或低一点，不是经济的主要问题，要多关心金融周期中期可能对经济带来的影响，这种影响不仅仅是金融风险，更重要的是在中国经济结构、发展不平衡方面的含义。在这个基础之上怎样理解宏观政策？我认为有两个大方向非常清楚。第一，加强金融监管，规范金融的综合经营，第二，促进公平导向的公共政策。在这样的环境之下，宏观政策总体来讲应该是稳中偏紧一点。

第4章
"债务—通缩"还是"债务—通胀"

伍 戈 詹 硕 林雍钊

从全球范围来看,目前中国是债务问题最严重的国家之一。根据 BIS 统计,截至 2016 年底中国非金融部门债务率(Credit to Non-financial Private Sector,具体指居民与非金融企业部门债务率之和,其中非金融企业包括民营和国有企业)已达 210.6%。该值远高于新兴市场国家的债务率平均水平,与日本 20 世纪 90 年代债务历史最高点持平,也高于美国 2008 年金融危机时的历史最高点。不少国际组织多次提醒中国的高债务或引致严重的经济金融问题。

事实上,2012 年以来的相当长一段时期,中国面临着债务高企与通货紧缩的困境,并且债务—通缩之间还存在不断自我强化的恶性循环趋势。然而 2016 年下半年以来,尽管中国整体债务率仍在攀升,但随着 PPI 转正和攀升,债务—通缩恶性循环似已被打破,甚至呈现债务—通胀同方向变化趋势。那么,高债务究竟会导致通缩还是通胀,未来又将如何演进? 这些都是关乎宏观大势的科学研判。

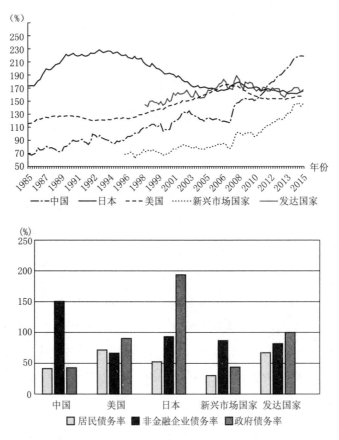

图 4.1　中国非金融企业快速攀升的债务率及其与其他国家的比较数据

资料来源:BIS。

一、债务—通缩,还是债务—通胀:区分长短期的重要性

为了简化,本文暂时没有考虑政府债务,而是聚焦于非金融部门(含企业和居民)债务及其对价格的影响。经典债务理论如费雪的债务通缩理论、伯南克的金融加速器理论和辜朝明资产负债表衰退理论的研究范畴均聚焦非金融部门债务问题。其实,政

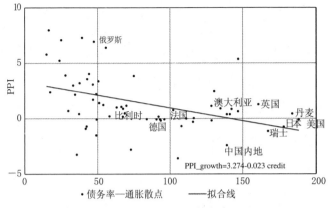

a. 非金融私人部门债务率

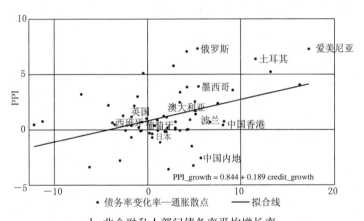

b. 非金融私人部门债务率平均增长率

图 4.2 长期的债务—通缩关系和短期的债务—通胀关系

注:1.本文选用 PPI 作为通胀的衡量指标,主要原因在于该指标与非金融企业的行为更加密切。从趋势来看,PPI 与 CPI 走势也基本一致;2.图 4.3 中各散点代表各国和地区非金融部门债务率水平与 PPI 同比增速的关系(取 2010—2016 年的均值);图 4.4 各散点代表同期各国和地区非金融部门债务率增速与 PPI 同比增速的关系(取 2010—2016 年的均值);3.样本包含 IMF 数据库中债务与通胀数据完整的 64 个国家和地区。

资料来源:IMF,华融证券整理。

府债务属于财政政策的范畴;财政赤字货币化的通胀效应往往是显而易见的。通过对各国(地区)历史数据的观察,我们有一个有趣的发现，债务对于物价的长短期影响是不一致的。国别横截面数据表明，债务长期趋势和债务短期波动与通胀率的关系截然相反。具体地，从长期趋势来看，债务率与通胀率整体呈现反方向关系，即高债务国家（地区）普遍通胀水平较低，甚至发生通缩（图 4.2 上）；而从短期波动来看，债务率的短期增速与通胀率整体呈现正相关关系，即债务增长率较高的国家（地区），其通胀率也相对较高（图 4.2 下）。

为了深入研究中国的债务问题及其宏观影响，我们选用数据可得且与中国现状有些类似的日本进行对比分析。基于上述债务长期趋势与短期波动对通胀的影响不一致的讨论，我们用 HP 滤波的方法将中日非金融部门（含非金融企业和居民）债务率分解为趋势项和周期项。我们发现，趋势项和周期项都呈现一定的周期性波动特征。其中，趋势项代表债务的长期变化趋势，其持续周期约 30—50 年；而周期项代表债务实际值偏离其趋势的短期波动，其持续周期大约 5—10 年。可以看出，日本已经历了一

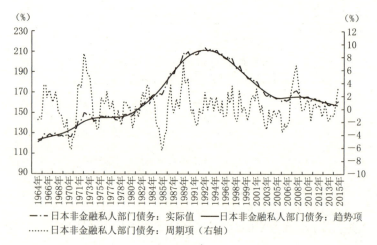

a. 日本

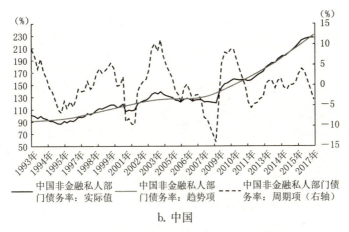

b. 中国

图4.3 日本和中国债务周期的长短期分解

资料来源：BIS。

个相对较为完整的长债务周期，而中国的长债务周期在过去20年都处于上升阶段。下面我们将分别基于长期和短期两种视角，研究债务与通胀之间的关联。

二、长期视角：债务高企引致通货紧缩

长期来看，债务高企引致通货紧缩的机理客观存在。债务的长期累积一方面意味着借款者还本付息的压力增大，随着资本回报率的边际递减，势必减少其投资或消费支出；另一方面，基于对借款者资产负债状况恶化及高债务不可持续的担心，银行等贷款者往往收紧放款条件从而抑制融资需求，通货紧缩油然而生。诸多国际案例和理论都充分说明上述债务—通缩机理。下面我们以日本为例，从长债务周期的演进路径切入，进一步分析从长期来看高债务是如何导致通缩的。具体如下：

阶段1：加债务—通胀阶段。该阶段的基本特征是债务率虽

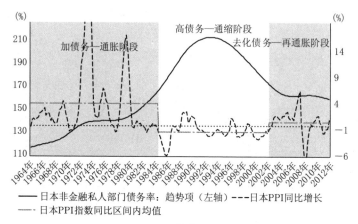

a. 日本

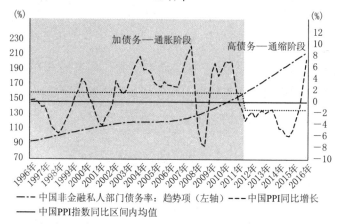

b. 中国

图 4.4 日本和中国分别处于长债务周期的阶段

资料来源:Wind 数据库及 BIS。

然处于上升区间,但绝对水平较低,通胀中枢处在通胀区间。日本 20 世纪 60 年代至 80 年代末以制造业为龙头的经济快速发展,由于资本存量较低和资本回报率高,企业部门有动力通过增加债务扩大投资。因此债务不断累积但处于良性区间,旺盛的需求使得通胀中枢保持高位。尽管 70 年代全球石油危机对日本当时通胀走高有较大影响,但从趋势上看,日本于 60 年代通胀中枢就已处于上升通道（即使无石油危机影响,日本通胀仍将处于较高水平）。

阶段 2:高债务—通缩阶段。该阶段的基本特征是债务率绝对水平高企,PPI 中枢回落并长期处于通缩区间。随着资本边际回报率下行,日本企业被动加债务以延缓其利润率下行,80 年代末日本私人部门债务率超过 160%。随后市场开始怀疑以高债务所支持的总需求能否持续,通缩预期逐渐形成。90 年代初资产泡沫破灭后导致企业资产负债表继续恶化,私人部门债务开始去化,通缩预期进一步强化。

阶段 3:去化债务—再通胀阶段。该阶段的基本特征是债务水平继续去化至较低水平后,通缩预期开始被打破,通胀中枢随之上升。经历了漫长的调整后,企业资产负债状况开始好转,私人部门债务率逐步去化到合理区间,2002 年开始日本通胀上行并摆脱通缩区间。值得一提的是,在 2008 年全球经济危机冲击下,尽管日本短暂重回通缩,但长期通胀的中枢仍处在正通胀区间。

与日本相比,中国目前正处于长债务周期的第二阶段,高债务下的通缩压力并未彻底消除。从 1998 年至 2011 年,中国经历了长债务周期第一阶段,这与日本 60 年代至 80 年代末类似（限于 BIS 数据的有限性,我们对于中国长债务周期研究起点为 1996 年。但我们推断,自 90 年代初市场经济体系建立以来中国可能就进入了长债务周期第一阶段）。在这个阶段,中国的债务率不断上行,但仍处在较低水平。其加债务背后的原因是,中国经济向市场经济转型以及不断扩大的对外开放,激发了微观主体的乐观情绪以及加杠杆冲动,通胀中枢也不断上行。但 2011 年后,由于前期刺激政策引致的产能过剩日益突出,通缩预期加强,PPI 中枢迅速下行并加入为负的通缩区间,中国经济进入长债务周期第二阶段（这与日本 90 年代初较为类似）。有趣的是,中国也是在非金融部门债务率到达 160％后出现价格中枢快速下行及通缩的，该阈值与日本当年有着惊人的相似性。

三、短期视角：债务高企引致通货膨胀

短期来看，债务高企也可能引发通货膨胀。特别是在宏观政策的刺激下，政策利率的降低和货币信贷的放松可能促使微观主体进一步增加债务杠杆，投资、消费出现短期"脉冲式"增长，社会信用的扩张引致价格水平的上升。此时，我们观察到的现象是债务高企和物价上涨并存。实证上，如果将债务短期增速从长期趋势中分离出来后，我们可以发现短期内的这种债务—通胀机制（图 4.5）。

从日本的历史数据来看，其债务的短期增速与通货膨胀之间的同步性整体上较为显著。尤其是在日本陷入债务—通缩循环之前，以及走出债务—通缩循环之后，其债务短期增速与 PPI 增速之间都呈现显著正相关关系。（但通缩时期，债务短期增速与 PPI 之间的相关性较差。这可能是因为在此期间企业发生了资产负债表衰退，即企业信贷的需求不再由投资需求驱动，而是根据还债需要来决定，债务及其信用的扩张与价格之间的传统关联由此出现异化。）

从中国的可得数据来看，其债务的短期增速与通货膨胀之间的同步性更为显著。由图 4.10 可以看出，非金融部门债务率的周期项（滞后三季度）与 PPI 增速之间呈现高度正相关性。因此，短期内债务的高企是中国 PPI 等价格的重要驱动因素。当然，国际大宗商品价格也能对国内 PPI 产生重要影响，但我们进一步的实证研究发现，短债务周期对 PPI 的影响比大宗商品价格更有先

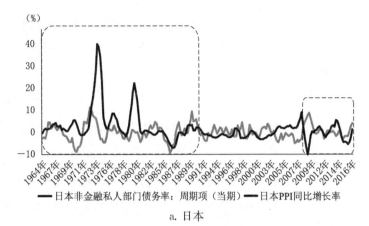

a. 日本

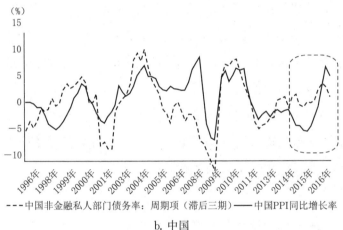

b. 中国

图 4.5　日本和中国短期的债务—通胀关系

注:作为稳健性检验,我们也研究了中国加入政府债务的短债务周期与 PPI 的关系,发现结果基本不变。

资料来源:Wind、BIS,华融证券整理。

导效果且更加显著。(具体地,短期债务波动和大宗商品价格对中国 PPI 均存在解释力,但短期债务波动能提前 4 期对 PPI 产生影响且系数更大,而大宗商品价格只是即期对 PPI 产生影响。)

值得一提的是,中国供给侧改革对本轮 PPI 上涨的贡献已成为不争的事实。但基于历史数据规律,我们认为,即使没有供给侧改革的冲击，前期短债务周期触底反弹也将带来本轮再通胀的回升。事实上，供给侧改革与短债务周期反弹共振，共同推动了本轮PPI的强势反弹。

四、展望未来：债务—通缩，还是债务—通胀？

（一）长期：高债务水平使得未来债务—通缩压力犹存

展望未来，中国的高债务状况短期内难以迅速改变，债务绝对水平或仍将在高位维持一段时间。长期来看，中国的债务—通缩风险依然不容小觑，通缩阴影的彻底摆脱取决于未来债务杠杆的去化程度及方式。为了简化，我们预测未来债务长期走势的两种场景及其对价格的影响如下：

场景1：如果债务率未来迅速触顶后随即开始债务去化，那么中国将较快进入长债务周期的第三阶段，即随着债务的较快去化，PPI增速中枢将会较快触底抬升。

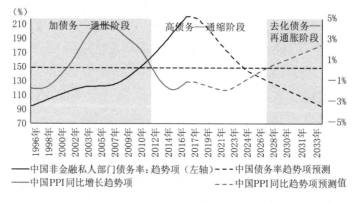

图4.6 债务去化将有助于价格中枢抬升

资料来源：华融证券。

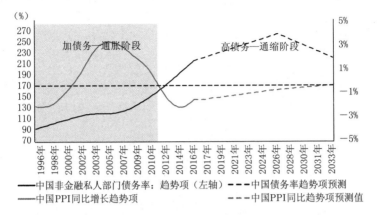

图 4.7 持续债务加杠杆将拉长通缩时间

资料来源:华融证券。

场景 2:如果债务率在未来相对长的一段时期内继续攀升,中国将长期处于长债务周期第二阶段,即由于债务率的绝对水平仍在增加,PPI 增速中枢上升将会十分缓慢。

从现实来看,中国债务绝对水平高企的状况或仍将持续一段时间。因此,无论保持在长债务周期第二阶段,还是即将进入长债务周期第三阶段,未来中国经济都将受到一定程度潜在通缩压力的掣肘。

(二)短期:债务增速放缓将对未来 PPI 产生下行压力

短期来看,基于过去半年供给侧改革、金融去杠杆及房地产调控等的综合作用,中国的债务短期增速已呈现边际放缓迹象,这将对未来半年的 PPI 等价格产生滞后的下行压力。具体地讲,短债务周期已于 2016 年下半年后处于下行周期,考虑到 3 季度的时滞,这将对 2017 年第 4 季度至 2018 年第 1 季度 PPI 产生下行压力。

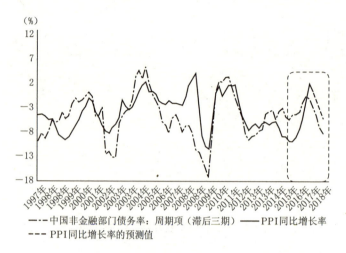

图 4.8　债务短期增速放缓对未来 PPI 产生向下压力

资料来源：Wind 数据库及 BIS。

五、基本结论与启示

一是通过对各国历史数据的观察，我们发现，债务对于物价的长短期影响是不一致的。具体来说，从长期趋势看，债务率水平与通胀率整体呈现反方向关系，即高债务国家普遍通胀水平较低，甚至发生通缩；而从短期波动看，债务率的变动与通胀率整体呈现正相关关系，即债务短期增长率较高的国家，其通胀率也相对较高。

二是长期来看，债务高企引致通货紧缩的机理客观存在。债务的长期累积一方面意味着借款者还本付息的压力增大，随着资本回报率的边际递减，势必减少其投资或消费支出；另一方面，基于对借款者资产负债状况恶化及高债务不可持续的担心，银行等贷款者往往收紧放款条件从而抑制融资需求，通货紧缩油然而生。

三是短期来看,债务高企引发通货膨胀的机理也是显而易见的。特别是在宏观政策的刺激下,政策利率的降低和货币信贷的放松可能促使微观主体进一步增加债务杠杆,投资、消费出现短期"脉冲式"增长,社会信用的扩张引致价格水平的上升。实证上,如果将债务短期增速从长期趋势中分离出来后,我们可以发现短期内的这种债务—通胀机制。

四是展望未来,中国的高债务状况短期内难以迅速改变,债务水平或仍将在高位维持一段时间。长期来看,中国的债务—通缩风险不容小觑,通缩阴影的彻底摆脱取决于未来债务杠杆的去化程度。短期来看,基于过去半年供给侧改革、金融去杠杆及房地产调控等的综合作用,债务短期增速已呈现边际放缓迹象,这将对未来半年的 PPI 产生滞后的下行压力。

第 5 章
防范系统性风险需要系统性的策略[*]

黄益平

最近一段时期以来，金融风险不停地在不同的领域之间游走，股票、债券、理财产品、银行资产、房地产、外汇以及互联网金融等冒出不同的风险因素。这就引发了我国是否已经形成系统性金融风险的担忧。

中国在过去40年中金融体系相对稳定，是主要新兴市场经济中少数没有发生过严重金融危机的国家之一。过去的稳定主要归功于两个因素，一是持续的高增长，二是政府的隐性担保。那么我们又是如何走到今天这一步的呢？具体来看是五大因素共同作用的结果。

一是政府隐性担保越来越难。过去40年的金融改革在量上做得很好，但是从质的方面来看，市场机制发挥作用的空间有限。很长时期以来，中国对金融干预的程度较高，但这在一定意义上

　＊　本文是作者在中国经济50人论坛2018年年会上演讲的提炼和整理，经作者修订并提供。

也支持了金融稳定,比如商业银行不良率很高的时候,却没有出现挤兑。但隐性担保容易鼓励道德风险的问题,金融改革的方向就是要减少甚至消除政府兜底。

二是增长速度也在不断放慢。核心挑战是过去在低成本时建立的产业难以为继,需要培养高成本基础上有竞争力的新的企业,所以新旧动能转换是关键。目前看来,增长的下行压力还存在。增长减速带来的直接结果是微观层面资产负债表恶化,金融风险增加。从宏观层面看,边际资本产出率上升会带来金融支持实体的效率下降、政策保增长的难度越来越大、投资回报率下降和金融风险上升等后果。

三是快速增长的杠杆率。中国的高杠杆确实有一些特殊的因素,如银行主导的金融体系,很多负债其实有资产支撑和政府背书等。细分下去看,高杠杆风险主要集中在非金融企业部门,企业部门的问题又集中在国企,最终落在僵尸企业。可以说,僵尸企业不能出清,就很难去杠杆、实现新旧动能转换、控制金融风险。另外,高杠杆的另一面,其实是流动性太充裕,而可投资的资产又相对稀缺,这是一个长期性的风险。

四是一些新的金融风险露头,特别是在互联网金融和影子银行等领域。互联网金融目前尚未构成系统性风险,但潜在的问题值得高度关注,比如技术故障的后果,数字技术的运用可能加剧垄断和羊群效应,以及互联网金融平台和传统金融机构合作产生的风险交叉感染,等等。互联网金融与影子银行的产生,跟过去金融部门管制过多有关,在一定意义上都是规避管制产生的业务形态。

五是监管政策的缺陷。目前的监管体系有很多问题,机构监管的做法留下了很多监管空白,比如互联网金融就是一个明显的例子；各监管部门之间的政策协调不好，酿成了很多新的风险因素；过去也不太重视审慎监管政策，监管部门跟着市场跑，哪儿出问题，就到哪儿灭火。另外，监管部门监管和发展的责任并举，也带来不少问题。

根据我们的量化分析，中国的系统性金融风险在 2009 年之后一直在上升，但在 2015 年达到顶峰之后，已经有所趋缓。这应该是宏观经济稳定与监管部门处置的共同结果。但系统性风险仍处于很高的水平，且 2017 年下半年又出现了回翘。如何应对系统性风险仍然应该是当务之急。

今天金融风险的形成是多方面因素作用的结果，需要有一个系统性的策略来应对。头痛医头、脚痛医脚的做法不能解决根本性的问题。系统性的策略起码需包括五个方面的内容。

第一，让市场机制在金融资源的配置中发挥决定性作用。没有纪律的市场很难控制金融风险，关键是要完成利率市场化，让市场决定金融资源的定价与配置，强化市场纪律，该违约的违约，该破产的破产。同时要发展多层次的资本市场，支持实体经济发展，有效控制杠杆率的上升。

第二，"金稳委"加强政策统筹。主要的工作可能包括三个方面，一是统一监管标准，二是做到金融监管全覆盖，三是协调各部门的经济、金融政策。建议在"金稳委"下面设立几个工作委员会统筹、协调政策，之前我们曾经建议以货币政策、金融稳定和金融政策三个委员会为核心设立工作机制。

第三，监管框架可以考虑转向"双峰"模式。不同的监管模式各有利弊，但将审慎监管与行为监管适当分离的"双峰"模式的监管效果更加稳健一些。另外要考虑尽快从机构监管转向功能、审慎和行为监管，同时将金融发展的责任从监管部门分离出去。

　　第四,设立日常的风险监测、分析机制,完善货币政策与宏观审慎监管双支柱宏观调控体系。

　　最后,需要平衡创新与稳定之间的关系。一些新的金融领域出现了一些风险因素,需要及时进行处置,但用"一刀切"封杀并不是好的办法。而应该鼓励创新,同时以监管创新支持业务创新。在互联网金融领域,国际上有很多新的尝试,比如"沙盒监管""创新中心"等等,值得借鉴。

第二篇

灰犀牛：金融风险排查与防范

第 6 章
中国非金融企业偿债成本分析

王戴黎

自 2016 年底以来,中国的决策层一直将防范金融风险和去杠杆作为第一要务。在控制社会总杠杆率的前提下,降低非金融企业杠杆率、特别是国有企业与产能过剩行业企业杠杆率,成为政府工作的重中之重。

当下学术与政策研究对企业杠杆率的测算分析主要参考企业债务占 GDP 比重的变化。从企业债务和系统性风险关联的角度理解,该指标具有一定预警作用,惟其仍存在可待改进之处。以宏观经济学的语言描述,作为分子的企业债务是存量概念,分母 GDP 则是流量概念。更准确的杠杆率测度应以存量与存量或流量与流量进行对比,如此方能体现统计口径的一致性。

本章利用公开可得数据建立了一组中国非金融企业偿债成本指标,其定义为企业净利息支出和本金偿还总额占企业可支配收入的比重。在经济涵义上,企业净利息支出、本金偿还、可支配收入都是流量概念,其在测量口径上是自洽一致的。在实践应用中,BIS 等国际机构的跨国研究发现该指标对系统性风险积累和金融危机爆发有很强的预警作用。

本章结构安排如下。第一节介绍了 BIS 对偿债成本指标的构建及应用。利用该指标,我们对中国私有非金融部门(包括家庭部门和非金融企业部门)偿债成本进行了国际比较。第二节对非金融企业部门中工业企业、全体国有企业和房地产开发企业的偿债成本进行了估算。第三节利用情景假设模拟分析了国有企业和房地产开发企业在不同货币政策取向时的偿债成本变化。第四节归纳全文并对未来去杠杆工作的开展提出了政策建议。

一、偿债成本:债务杠杆的一面镜子

偿债成本指标反映了企业(或家庭)可支配收入中用于支付债务利息和本金的比例。与债务占 GDP 比重指标相比,偿债成本与微观层面企业(或家庭)面临的预算约束和债务违约风险有更直接的关系。

在经济周期上行时,资产价格提高了企业(或家庭)抵押品的价值,放松了借贷面临的约束。债务增加意味着偿债成本上升。政策制定者提高利率以应对债务快速增加,进一步导致企业(或家庭)偿债成本上升。当偿债成本上升超过临界点,其对企业(或家庭)支出的负面约束将超过抵押品价值上升带来的正面效应。企业(或家庭)开始减少借贷,过去的偿债成本仍将持续对支出造成约束。经济此时进入下行周期。倘若偿债成本对支出的负面影响过高,企业(或家庭)可能选择快速去杠杆,最终导致金融危机的爆发。

2008/2009 年全球金融危机后,BIS 开始对私人非金融部门

偿债成本进行定期的系统跟踪。BIS 数据序列追溯包括了 32 个
国家(地区)自 1999 年以来私人非金融部门偿债成本的变化。对
于部分数据统计翔实的国家(地区),BIS 进一步区分了家庭部门
和非金融企业部门的偿债成本变化。[①]

　　图 6.1 反映了 BIS 私人非金融部门偿债成本指标用于预警
金融危机爆发的有效性。上图表明在六个选定的发达国家样本
中,偿债成本达到顶点时刻对应了金融危机爆发。下图发现在全
部 32 个国家(地区)样本中,偿债成本在金融危机爆发前的变化
相比广义信贷占 GDP 比重之差(Credit to GDP gap)更为明显。
尽管这些结论或反映偿债成本与金融危机爆发间存在紧密的相
关性而非严格的因果关系,偿债成本仍可视为实践中预警金融危
机爆发的一个有效指标。

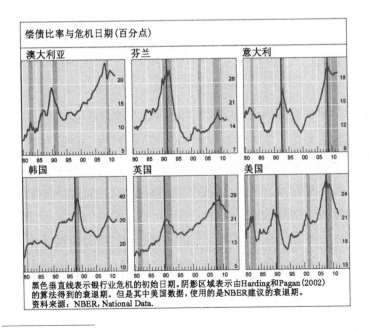

黑色垂直线表示银行业危机的初始日期。阴影区域表示由Harding和Pagan(2002)
的算法得到的衰退期。但是其中美国数据,使用的是NBER建议的衰退期。
资料来源: NBER, National Data.

① www.bis.org/statistics/dsr.htm.

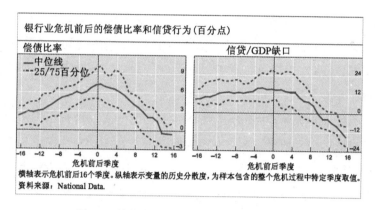

图6.1 偿债成本是预警金融危机的有效指标

资料来源：Drehmann M，and J. Juselius，2012，"Do Debt Service Costs Affect Macroeconomic and Financial Stability?"，*BIS Quarterly Review*，September.

就中国内地而言，私人非金融部门偿债成本在2008—2009年金融危机后经历了明显上行。如图6.2(上)所示，2010年一季度中国内地偿债成本在32个国家(地区)中位于50％分位点(即中位数)附近。而在最新的2017年一季度，该指标攀升到75％分位点。图6.2(下)计算了2010年一季度至2017年一季度间私人非金融部门偿债成本(横轴)和私人非金融部门债务占比GDP(纵轴)的变化。中国内地数据点所处第一象限右侧的中国香港、土耳其和加拿大等国(地区)偿债成本增长较中国内地更快。而在中国内地数据点上方，只有中国香港地区的债务占GDP比重较其增长更快。

总的来说，上述BIS私人非金融部门偿债成本指标具有覆盖面广、跨国分析口径可比性强等优点。不过由于数据统计、上报及处理的滞后性，这一指标存在2—3个季度的滞后，使其对未来的预警作用有一定折扣。在中国数据方面，BIS没有区分家庭部门和非金融企业部门面临的偿债成本。本章后续分析将对中国非金融企业部门偿债成本进行单独估计和分析。

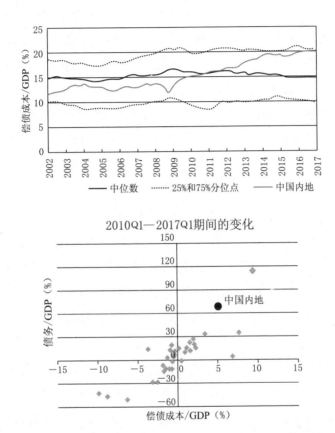

图 6.2　中国内地私人非金融部门偿债成本占 GDP 比重处于世界较高水平

资料来源：BIS。

二、中国非金融企业偿债成本估计

非金融企业部门偿债成本的估计有三个必不可少的指标，分别是企业可支配收入、企业债务存量及企业债务偿还期限。受限于数据可得性，我们对中国非金融企业偿债成本的估计分为如下三类:工业企业、全体国有企业及房地产开发企业。注意三者间并非完全互斥的关系。我们首先用两种方法对数据最为完整的工业企业偿债成本进行估计,其次对国有企业和房地产开发企业进行测算。

(一)工业企业偿债成本估计

工业企业偿债成本的第一种估计方法从加总年度数据出发。这一方法具有计算简单、理解直观的优点;缺点则在于数据滞后、预警效果不强。

具体而言,国家统计局提供了年度和月度两个频率的工业企业利息收入与支出、主营业务收入与支出等数据,以此可以推算企业净利息支出及可支配收入(本章取息税前利润,或 EBITDA)。中国人民银行统计了年度金融机构人民币贷款分行业余额,其中包括投放向制造业和电力、燃气及水的生产和供应业的贷款余额。企业债务偿还期限是估计的难点,我们采用以下两种方法测算:

(1)BIS 研究发现主要欧元区发达国家非金融企业贷款的平均偿还期限为 13 年。[①]需要注意到这一期限基于合同约定。实际中存在提前付款、推迟付款(债务展期)及每期付款不同等不可测因素影响企业债务偿还期限。我们套用 BIS 提出的 13 年等额偿还假设对偿债成本进行估计。

(2)我们考察了所有非金融企业信用债未到期余额的期限结构,将其进行年份加权平均后得到信用债偿还期限。由于债券偿还期限一般短于银行贷款期限,采用这一方法存在高估偿债成

① Drehmann, M., A. Illes, M. Juselius and M. Santos, 2015, "How Much Income is Used for Debt Payments? A New Database for Debt Service Ratios", *BIS Quarterly Review*, September.

本的偏误。

工业企业偿债成本的第二种估计方法从细分社会融资总量出发。这一方法具有更新及时,考虑了贷款、债券、信托贷款等多方面融资工具的优点;缺点在于采用假设较多,计算相应复杂。第二种方法中企业可支配收入和偿债结构的计算和第一种方法相同。下面简述各融资工具余额和利率的计算方法:

(1)银行人民币贷款。存量数据来自中国人民银行金融机构人民币贷款分行业余额。利率的计算参考了中国人民银行公布的一年期贷款利率,利用商业银行利率上浮/下调比例作为权重进行了调整修正。

(2)信托贷款。存量数据来自中国信托业协会公布的资金信托行业投向余额。利率的计算将信托产品平均年化综合报酬率做一定程度的加成。

(3)企业债券融资。存量数据来自工业行业信用债统计。利率的计算为 AA+企业债和中短期票据的加权到期收益率(企业债/公司债和中短期票据 2017 年 10 月分别占工业企业债券融资的 39%和 32%)。

(4)未贴现票据融资。存量数据为社会融资分量总额乘以由信托贷款分行业数据推算出工业行业占全部贷款的比值。利率的计算为 6 个月票据直贴贴现年化利率。注意:未贴现票据理论上不等同于借贷的发生,是否加入企业偿债成本计算值得商榷。

(5)民间融资。西南财经大学《中国民间金融发展报告》不定期估测了中国民间融资的存量。利率的计算为温州民间借贷利率。注意:该数据估计误差较大,是否加入企业偿债成本计算值得商榷。

（6）社会融资总量的其他分项中,委托贷款利率难以估计。股票发行属于股权融资而非债务融资。外币贷款不属于企业的本币偿债义务。本文不考虑上述三类融资工具对企业偿债成本的影响。

图6.3　工业企业融资利率及利息支出

资料来源:WIND数据库。

图6.3描述了上述两种方法估计得到的工业企业融资利率（上图）和净利息支出（下图）。图6.4描述了在不同偿债期限假设下的偿债成本变化。可以看到工业企业的利息支出以及偿债成本

在 2015 年初达到顶峰。彼时正值经济增长下行、通货紧缩凸显的
时期。随着 2015 年中国人民银行采取一系列降息降准措施，2016
年供给侧改革推进，工业生产价格和企业利润明显改善，企业利息
支出和偿债成本在 2016 和 2017 两年有所下降。

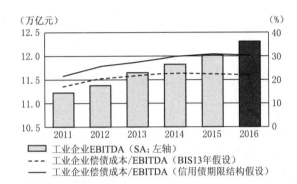

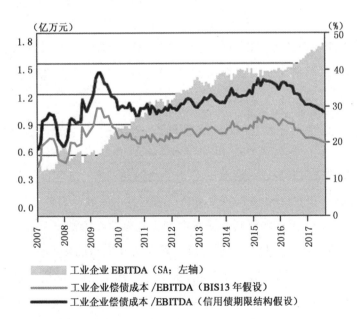

图 6.4　工业企业偿债成本估计的两种方法（上图方法一；下图方法二）

资料来源：WIND 数据库。

（二）国有企业与房地产开发企业偿债成本估计

国有企业资产负债率在 2008 年及 2009 年全球金融危机后出现明显提高。降低国有企业快速增加的债务存量成为决策层去杠杆工作的主攻方向。近年来，房地产市场发展迅速，实业界与政策界就房地产市场是否会经历调整，房地产开发企业财务状况是否稳健等问题众说纷纭。我们估计了国有企业和房地产开发企业的偿债成本，对上述问题进行探讨。

国有企业偿债成本的估计主要有如下数据来源：中国人民银行提供的金融机构对境内国有控股企业人民币贷款余额、财政部提供的全国国有企业营业总收入、国资委提供的全国国有企业行业平均 EBITDA 率以及全国国有企业行业平均已获利息倍数。房地产开发企业偿债成本估计的数据来源与国有企业类似，惟债券融资在房地产开发企业融资结构中占有重要地位（2016 年房地产开发企业人民币贷款余额 7.1 万亿元、债券余额 1.9 万亿元）。我们将房地产开发企业债券存量和贷款存量合并进行考虑。

表 6.1 上半部分比较了国有企业、房地产开发企业以及前述工业企业的融资利率。可以看到，在 2011—2016 年间，国有企业融资利率在大多数时期低于工业企业融资利率。这印证了过去研究提到的国有企业能够享有所有制差异下的融资优惠与便利。房地产开发企业融资利率一直高于工业企业融资利率。这反映了房地产开发企业对资金的旺盛需求及其更高的资本回报率。注意到表 6.1 隐含假设国有企业（房地产开发企业）的所有利息支出是由贷款（贷款与债券）融资产生的。考虑到企业存在非贷款（贷款与债券）的生息负债，我们推算的借贷利率可能存在一定程度的高估。

　　表 6.1 下半部分比较了国有企业、房地产开发企业以及前述工业企业的偿债成本。可以看到,国有企业偿债成本在 2015 年和 2016 年均突破 100％。换言之,在平均意义上全国国有企业可支配收入已不足以对其债务还本付息。相比之下,虽然房地产开发企业偿债成本在近几年一路攀升,其峰值达到 2015 年的 75.2％,即仍有一定能力偿还债务本金和利息。

表 6.1　国有企业和房地产开发企业融资利率与偿债成本估计

| 样本 | 融资利率 | | | |
	国有企业	房地产开发企业	工业企业(方法一)	工业企业(方法二)
2011	8.3％	9.3％	6.5％	6.9％
2012	8.3％	8.0％	7.0％	7.5％
2013	5.9％	8.8％	6.6％	7.0％
2014	5.9％	7.5％	6.6％	7.0％
2015	5.2％	7.5％	6.2％	6.6％
2016	4.6％	8.0％	5.6％	5.9％

| 样本 | 偿债成本(BIS13 年假设) | | | |
	国有企业	房地产开发企业	工业企业(方法一)	工业企业(方法二)
2011	64.2％	53.8％	17.3％	21.2％
2012	69.0％	63.3％	20.5％	22.3％
2013	91.7％	62.3％	21.8％	23.1％
2014	96.2％	67.7％	22.7％	24.1％
2015	123.3％	75.2％	22.5％	26.2％
2016	116.6％	70.0％	21.9％	24.1％

资料来源:WIND 数据库。

　　图 6.5 分解了国有企业和房地产开发企业的利息净支出与本金偿还支出。参考 BIS 的 13 年债务等额偿还假设,2016 年国有企业利息净支出占偿债成本和可支配收入的比重为 37.3％和 43.5％。房地产开发企业则是 51％和 35.7％。国有企业利息净支出占偿债成本的比重(37.3％)低于占可支配收入的比重(43.5％),意味

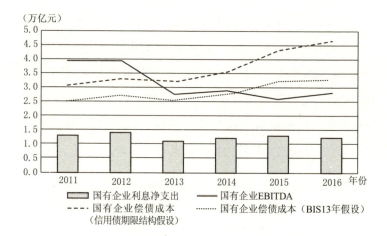

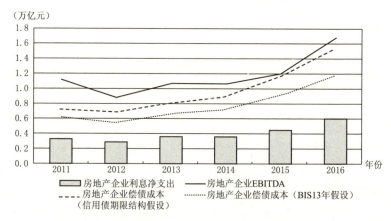

图 6.5　国有企业和房地产开发企业偿债成本估计

资料来源：WIND 数据库。

着偿债成本高于可支配收入。这一发现与前述国有企业可支配收入已不足以还本付息一致。国有企业利息净支出占偿债成本的比重（37.3%）低于房地产开发企业（51%），意味着国有企业偿债支出中本金偿还的比例更高。

　　我们对债务偿还期限的假设可能是解释国有企业偿债成本高于可支配收入，但尚未触发大范围债务违约的原因：国有企实际债务偿还期限可能长于我们的假设。具体而言,假设国有企业债务在 13 年内等额偿还(BIS),2016 年国有企业偿债成本占可支配收入比重为 116%。如果将偿债期限拉长至 20 年或 30 年,偿债成本占可支配收入比重将下降为 91% 或 75%。若进一步假设国有企业毋须偿还本金,其可支配收入只需用于偿还利息支出,则偿债成本占可支配收入比重只有 43%。

三、情景模拟分析

货币政策取向在未来企业债务去杠杆的过程中扮演着重要角色。一派观点认为货币政策紧缩有助于抑制企业加杠杆的意愿,控制债务存量增长。另一部分观点则担忧过于紧缩的货币政策可能对企业利润和收入造成显著负面影响,偿债成本因此不降反升。本节利用情景假设模拟分析了国有企业和房地产开发企业偿债成本在不同货币政策取向时的变化。

如第二节所述,偿债成本估计的关键指标包括贷款(及债券)余额、主营业务收入、EBITDA 率和已获利息倍数。公开可得的国有企业和房地产开发企业偿债成本估计样本为 2010—2016 年。[①]其中 2010—2011 年为 4 万亿刺激政策推出后货币政策紧缩期,2014—2015 年是经济增速下滑时货币政策宽松期。我们分别计算了 2010—2016 年平均、2010—2011 年以及 2014—2015 年三个时期上述四项关键指标的增速,以此作为不同情景的输入变量

---

① 国资委数据不包括国有企业 2010 年 EBITDA 率、国有企业 2016 年主营业务收入以及房地产开发企业 2010 年 EBITDA 率。我们假设 2010 年国有企业和房地产企业 EBITDA 率等于 2011 年、国有企业 2016 年主营业务收入增速等于财政部公布的营业收入增速。上述修正可合理扩大可用样本规模。

进行模拟。

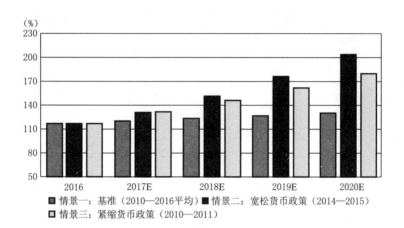

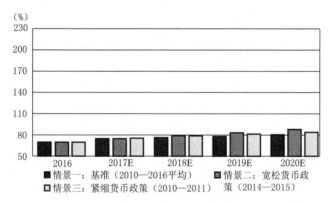

图 6.6 情景模拟:BIS 假设偿债成本变化
（上图国有企业;下图房地产开发企业）

资料来源:WIND 数据库。

图 6.6 描述了不同情景下偿债成本在 2017—2020 年的发展
路径。上图和下图纵坐标单位相同,可以看到国有企业偿债成本
远高于房地产开发企业偿债成本。在以 2010—2016 年平均增长
率作为输入变量的情景一(基准情景)中,两类企业的偿债成本均
有小幅上升。在模拟宽松货币政策的情景二及紧缩货币政策的

情景三中,两类企业偿债成本均高于基准情景——前者是由于企业债务余额增速过快,后者则由于企业收入和 EBITDA 率出现显著下滑。换言之,利用历史数据模拟的不同货币政策取向情景意味着过度紧缩和过度宽松的货币政策都将导致企业偿债成本的上升。

四、结论和启示

2015 年以来政策制定者推出的一系列降成本措施有效降低了企业利息支出与偿债成本。取决于不同偿债期限假设,我们估计得到 2017 年 9 月工业企业偿债成本占可支配收入的比重约为 20%—30%。鉴于偿债成本是重要的系统性风险预警指标,政策制定者未来应密切观测该指标变化,以补充常用的债务占 GDP 比重指标。

我们的研究发现,国有企业借贷利率在大多数情况下低于工业企业平均借贷利率,后者又低于房地产开发企业借贷利率。另一方面,国有企业偿债成本高于房地产开发企业,后者又高于工业企业平均偿债成本。

上述结论可以得到两方面启示。

第一,尽管借贷利率更低,2015 年和 2016 年国有企业偿债成本或已超过其可支配收入。换言之,国有企业在平均意义上已出现明斯基时刻第二阶段"可以还息、不可还本"的特征。[①]考虑到过去两年并未出现大规模的国有企业债务违约,我们推断国有

---

① Minsky, H., 1992, "The Financial Instability Hypothesis", Levy Economics Institute Working Paper No.74, May.

企业的实际债务偿还期限可能较 BIS 假设的 13 年更长,每一期债务本金偿还的数额及总的偿债成本更低。

第二,国有企业和房地产开发企业偿债成本均高于工业企业平均借贷成本,然而其形成机制不尽相同。国有企业借贷利率较低、债务存量较高,未来利率(价格)变化对国有企业偿债成本有显著影响。相比之下,房地产开发企业借贷利率较高、债务存量较低,未来信贷(数量)变化对房地产开发企业偿债成本有显著影响。

我们利用一个简单的情景假设考察了货币政策取向对企业偿债成本的影响。对国有企业和房地产开发企业而言,货币政策紧缩尽管可以限制企业贷款余额的增加,但也将同时降低可支配收入、导致偿债成本最终不降反升。如何通过货币政策和宏观审慎政策"双支柱"在未来抑制企业杠杆率增长、保持可支配收入不受到显著负面冲击,将成为未来去杠杆工作中需要重点考虑的问题。

第 7 章
我国政府预算体系与广义债务[*]

何知仁

一个健全的财政体系通常是有效的金融市场的必要条件。对我国而言,系统性金融风险的积累与地方政府的软预算约束及过度举债密切相关。因此,加快财政体制改革是防范和化解系统性金融风险的应有之义。十九大报告已明确提出财税改革的方向:"建立权责清晰、财力协调、区域均衡的中央和地方财政关系"(明确地方支出责任)、"建立全面规范透明、标准科学、约束有力的预算制度,全面实施绩效管理"(硬化预算约束)、"健全地方税体系"(平衡地方财权与支出责任)。

我国官方财政赤字仅指一般公共预算赤字,并且包括其自身在年度间的调剂和另外"三本账"向一般公共预算的调剂。拨开障眼迷雾,我国政府真实的狭义赤字和广义债务在 2015—2016 年期间或有显著的上升。但是随着中央严查地方政府违规举债、

　　＊ 本文的大部分工作是作者任兴业研究公司宏观分析师期间完成的。作者目前任上海发展研究基金会研究员。本文仅代表作者个人的观点,不代表所在单位和任何其他单位。

经济增速反弹、土地市场回暖，2017 年我国政府赤字率和债务率有望趋稳。我国地方政府过度举债的根本原因是地方支出责任过大、地方税制不健全和政府预算软约束。只有从上述三方面加快财政体制改革，才能一劳永逸地解决我国地方政府债务问题。本文的主要工作是梳理我国政府预算和广义债务的现状。这是理解我国财政体制改革必要性和未来方向的基础性功课。

一、我国政府预算体系和真实的狭义赤字

首先描述我国政府的预算内收支情况。政府预算内收支的差额通常被理解为"狭义"赤字。从理论上讲，官方公布的赤字正是政府的狭义赤字。但是，由于我国的官方赤字是在政府预算内收支差额的基础上调整得到的，它偏离狭义赤字的真实值。为解释这种偏离，我们需要简要梳理我国的政府预算体系。

我国财政预算包括一般公共预算、政府性基金预算、国有资本经营预算、社会保险基金预算"四本账"，其中，后"三本账"的差额都能通过各种调整而归零（例如，地方政府专项债计入政府性基金预算收入，弥补收支差额），因而不列赤字。因此，我国官方财政赤字口径仅仅是指其中的"一本账"，即一般公共预算赤字。

这就意味着，官方赤字与真实的狭义赤字之间存在两方面差异：一方面，官方赤字未反映政府性基金预算、国有资本经营预算、社保基金预算的收支差额；另一方面，官方赤字未剔除一般公共预算自身在年度间的调剂和另外"三本账"向一般公共预算的调剂。

具体而言，根据《2015 年全国一般公共预算收入决算表》《2015 年中央一般公共预算收入决算表》和《2015 年全国一般公共预算收入决算表》验算得到如下钩稽关系：

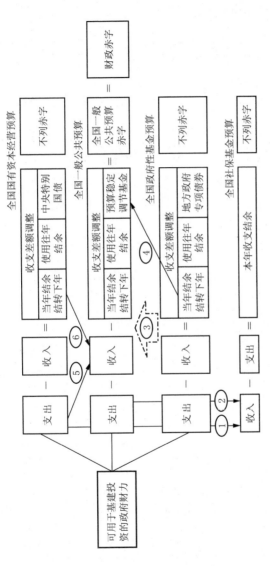

图 7.1　我国政府预算体系

注：图中的箭头 1—6 分别表示：1.国有资本经营预算补充社保基金；2.一般公共预算补充社保基金；3.政府性基金预算的部分专项（包括该专项的支出、收入和往年结余）调入一般公共预算（往年结余），这是指用于专项用途的转移性支出；6.国有企业利润上缴一般公共预算收入。
经营预算调入一般公共预算；4.单项政府性基金结转超过当年收入 30%的部分，调入中央预算稳定调节基金；5.国有资本

资料来源：财政部，兴业银行研究院。

全国一般公共预算赤字＝（全国一般公共预算支出＋

补充中央预算稳定调节基金）－（全国一般公共预算收入

＋全国财政使用结转结余及调入资金）

其中，全国财政使用结转结余及调入资金（8 236.07 亿元）＝地方财政使用结转结余及调入资金（7 236.07 亿元）＋中央财政从中央预算稳定基金调入资金（1 000 亿元）。

合并两式得：

官方的狭义赤字＝全国一般公共预算收支差额＋（全国财政）

补充中央预算稳定调节基金－中央财政从中央预算稳定

基金调入资金－地方财政使用结转结余及调入资金

由此可见，全国一般公共预算赤字等于全国一般公共预算收支差额加上三个调整项，这三项各自的含义如下：

补充中央预算稳定调节基金是指全国（包括中央和地方）一般公共财政向中央预算稳定调节基金划拨的资金，因此是当年全国一般公共财政的支出项；中央财政从中央预算稳定基金调入资金是指往年累积起来的中央预算稳定调节基金向当年中央一般公共财政划拨的资金，因此是中央一般公共财政的收入项；地方财政使用结转结余及调入资金是指地方一般公共财政调用往年结余的资金，因此是地方一般公共财政的收入项。[①]

而真实的狭义赤字应该是"四本账"差额之和，扣除它们之间

---

① 根据《2014 年地方一般公共财政收入表》的注释，全国一般公共预算赤字的计算还涉及第四个调节项"地方财政补充预算稳定调节基金及结转下年支出"，这一项其实可分为两个部分，"地方财政补充预算稳定调节基金"和"地方财政结转下年支出"。前者是指地方一般公共财政向中央预算稳定调节基金划拨的资金，后者是指地方一般公共财政注入往年结余资金池的资金。因此，这两个部分都是地方一般公共财政的支出项。但是《2015 年地方一般公共预算收入决算表》的注释中提道："根据现行规定，地方财政结转结余当年不列预算支出，在以后年度实际使用时再列预算支出。"也就是说，从 2015 年开始，"地方财政结转下年支出"不再计入预算。"地方财政补充预算稳定调节基金"则并入"补充中央预算稳定调节基金"。这一统计口径的变化倾向于缩小当年的地方一般公共预算收支差额，并扩大未来的地方一般公共预算收支差额。

的重复计算项,即

$$真实的狭义赤字 = 全国一般公共预算收支差额 + 国有资本$$
$$经营预算收支差额 + 政府性基金预算$$
$$收支差额 + 社保基金预算收支差额 -$$
$$不同政府预算之间的重复计算项$$

利用财政部公布的数据,结合上式,计算 2013—2016 年我国真实的狭义赤字。不难发现,2015 年我国真实的狭义赤字率从 2014 年的 0.5% 跃升至 2.3%,2016 年继续上升至 3.2%,这一水平已超过《马斯特里赫特条约》曾设定的警戒线 3.0%。

我国官方财政赤字仅指一般公共预算赤字,并且包括其自身在年度间的调剂和另外"三本账"向一般公共预算的调剂。拨开障眼迷雾,我国政府真实的狭义赤字和广义债务在 2015—2016 年期间或有显著的上升。但是随着中央严查地方政府违规举债、经济增速反弹、土地市场回暖,2017 年我国政府赤字率和债务率有望趋稳。我国地方政府过度举债的根本原因是地方支出责任过大、地方税制不健全和政府预算软约束。只有从上述三方面加快财政体制改革,才能一劳永逸地解决我国地方政府债务问题。

狭义赤字率大幅上升的主因是 2015 年开始执行新《预算法》,部分政府的表外支出被纳入预算管理。如表 7.1 所示,2015 年的全国一般公共预算支出为 17.6 万亿元,比 2014 年大幅增加约 2.4 万亿元,这一增幅大约是 2014 年较 2013 年增幅的两倍。

狭义赤字率的上升也与经济增长的放缓和土地市场的低迷有关。2015 年我国名义 GDP 增速降至 7.0%,国有土地使用权出让收入增速为 −21.4%,均为近年的低点,从而使得全国一般公共预算收入增长较慢,政府性基金收入则呈现负增长。从这个意义上讲,2017 年以来,我国名义 GDP 增速和土地出让净收入增速的显著加快可能在一定程度上抑制狭义赤字率的继续上升。

表 7.1 我国官方赤字和真实的狭义赤字(单位:亿元)

	2013 年	2014 年	2015 年	2016 年
预算收入				
一般公共预算收入	129 210	140 370	152 269	159 605
政府性基金收入	52 269	54 114	42 338	46 644
国有资本经营收入	1 713	2 008	2 551	2 609
社保基金收入	34 516	39 186	46 354	48 273
减:收入重复计算项				
国有资本经营收入调入一般公共预算收入	78	223	230	491
国有资本经营收入调入社保基金收入	19	22	26	60
减:预算支出				
一般公共预算支出	140 212	151 786	175 878	187 841
政府性基金支出	50 501	51 464	42 347	46 878
国有资本经营支出	1 465	1 769	1 811	2 095
社保基金支出	28 617	33 669	39 118	43 919
狭义赤字额	3 184	3 255	15 898	24 153
官方的狭义赤字额	12 000	13 500	16 200	21 800
狭义赤字率(%)	0.5	0.5	2.3	3.2
官方的狭义赤字率(%)	2.0	2.1	2.3	2.9

资料来源:财政部,兴业银行研究院。

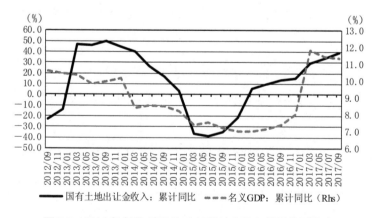

图 7.2 2015 年名义 GDP 和土地出让金收入增速降至谷底

资料来源:财政部,国家统计局,兴业银行研究院。

值得注意的是,我国的官方赤字率仅从 2014 年的 2.1％上升至 2016 年的 2.9％,升幅比同期真实赤字率小得多,这正是因为一般公共预算大规模的跨年调剂。2015 年,一般公共预算从往年结余和中央预算稳定基金中调入 8 236 亿元,为预算数的823％;2016 年,一般公共预算从往年结余和中央预算稳定基金中调入 7 226 亿元,为预算数的 421％。

二、我国政府的预算外支出和隐性债务

接着,描述我国政府预算外的收支情况。政府承诺但未纳入预算的未来支出责任或担保责任构成政府的"隐性"债务。目前积累隐性债务的主要渠道包括:政府购买服务、政府引导投资基金、政府和社会资本合作(PPP)、政府融资平台、政策性银行贷款等。

(一) 政府购买服务

2015 年,政府购买服务资金猛增 73％,远高于当年政府采购工程增速。其背后是地方政府通过购买服务渠道将原本一次性的支出责任分解到 3 年,从而突破当年的预算限额约束,这相当于政府变相举借债务。

目前,这一渠道已被 2017 年财政部 87 号文完全封堵。87号文明确规定:"不得将原材料、燃料、设备、产品等货物,以及建筑物和构筑物的新建、改建、扩建及其相关的装修、拆除、修缮等建设工程作为政府购买服务项目";"严禁利用或虚构政府购买服务合同违法违规融资等作为政府购买服务的对象";"坚持先有预算、后购买服务,所需资金应当在既有年度预算中统筹考虑,不得把政府购买服务作为增加预算单位财政支出的依据。"由此,我们

预计 2017 年及未来政府购买服务的规模会显著下降。

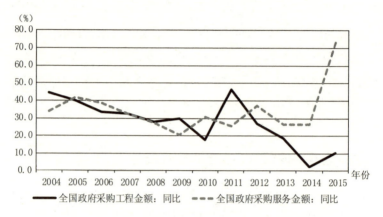

图 7.3　2015 年以来地方政府通过购买服务渠道变相举债

资料来源:财政部,国家统计局,兴业银行研究院。

(二) 政府引导投资基金

按大数据平台"私募通"的统计口径,2015 年和 2016 年成立的政府引导基金分别达到 437 只和 531 只,远高于 2014 年的数量。其背后是地方政府通过成立投资基金帮助地方项目融资,并向社会资本承诺某些现金流回报,吸引他们参与。这亦构成政府未来的支出责任和隐性债务。

目前,这一渠道已被 2017 年财政部 50 号文堵住。50 号文规定:"除国务院另有规定外,地方政府及其所属部门参与 PPP 项目、设立政府出资的各类投资基金时,不得以任何方式承诺回购社会资本方的投资本金,不得以任何方式承担社会资本方的投资本金损失,不得以任何方式向社会资本方承诺最低收益,不得对有限合伙制基金等任何股权投资方式额外附加条款变相举债。"同样按照"私募通"的统计口径,2017 年 1—10 月,地方政府累计成立投资基金仅 138 只,数量较 2016 年明显下滑。

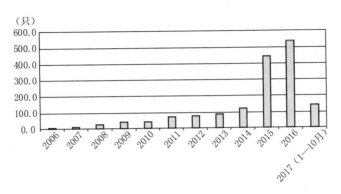

图 7.4　2015—2016 年政府引导基金数量大幅上升

资料来源:私募通数据平台。

(三) 政府和社会资本合作

根据财政部 PPP 中心的数据,截至 2017 年 9 月,我国 PPP 落地项目总额已超过 4 万亿元,其中有 31.8% 的项目完全是由政府付费的,高达 55.2% 的项目享受政府的可行性缺口补贴,这些都构成政府未来的支出责任。此外,PPP 模式在我国的实践尚不成熟。在部分地区,PPP 模式仍被地方政府作为变相举债的工具,部分项目未经过严格的物值评估或财政可承受能力评估,部分项目存在名股实债、隐性担保等问题,这些项目都可能构成政府的隐性债务。

目前,违规的 PPP 项目也正在被逐步清理。由于违规项目的退库,2017 年 6 月财政部 PPP 项目库中落地项目的金额首次出现下降。2017 年 10 月 27 日,财政部 PPP 中心发布的《全国 PPP 综合信息平台项目库第 8 期季报》显示:"2017 年累计新入库项目 3 933 个,退库 973 个,净增 2 960 个。经向省级财政部门了解,退库原因主要有三类:一是项目不再采用 PPP 模式。有的项目缺乏对社会资本的吸引力,有的总投资额过小或期限过短;

有的已采用其他模式;二是项目停止。有的项目因征地受阻、前期手续不全或不符合 PPP 操作流程,无法推进,已被政府叫停;三是项目整合。一些项目在前期重复入库,后期逐步整合删减。"

此外,PPP 模式带来政府隐性债务的另一个原因是央企的大举参与。根据央企官网及财报的数据,2016 年七大建筑业央企签约的 PPP 项目金额约占当年新落地 PPP 项目金额的 72%。

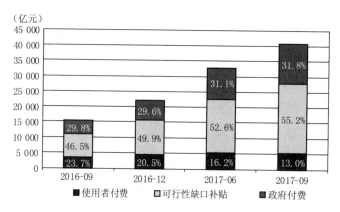

图 7.5 我国 PPP 项目主要以政府付费和可行性缺口补贴为主

资料来源:财政部 PPP 中心,兴业银行研究院。

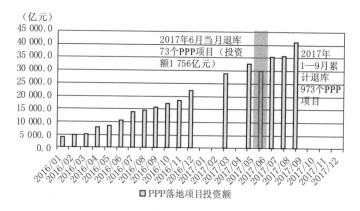

图 7.6 违规 PPP 项目逐步退出财政部 PPP 项目库

资料来源:财政部 PPP 中心,兴业银行研究院。

2017 年 10 月,国资委发布《关于加强中央企业 PPP 业务财务风险管控的通知》(征求意见稿),其中规定:以建筑施工为主业的中央企业,累计对 PPP 项目的净投资,原则上不得超过集团净资产的 40%;其他中央企业不得超过 20%。资产负债率高于 90%、近 2 年连续亏损或资金实力薄弱的子企业原则上不得单独投资 PPP 业务。由此,我们预计 2018 年央企参与 PPP 项目的规模将得到控制。

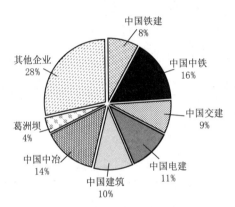

图 7.7　2016 年七大央企签约的 PPP 项目投资额约占 72%

资料来源:公司财报,公司官网及财政部 PPP 中心,兴业银行研究院。

(四) 政府融资平台

原则上,2015 年后地方政府融资平台的新增债务均不属于地方政府债务。然而,我们统计了作为发债主体的政府融资平台的有息债务后发现,2015 年以后,融资平台债务继续维持 14% 以上的增速。这或从侧面折射出,部分地方政府可能仍对融资平台债务承担了隐性的担保责任。

(五) 政策性银行贷款

截至 2017 年 9 月,国家开发银行和农业发展银行的固定资

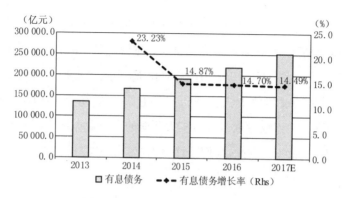

图 7.8　政府融资平台债务依然高增

注：本图只统计了作为发债主体的融资平台债务。

资料来源：WIND 数据库，兴业银行研究院。

产贷款余额同比增速仍高达 13％以上，支撑我国固定资产投资计划投资额增速回升至 14％以上。由于政策性银行贷款的最终偿还责任可能正是地方政府，因此，这些贷款金额也应被计入政府的广义债务。

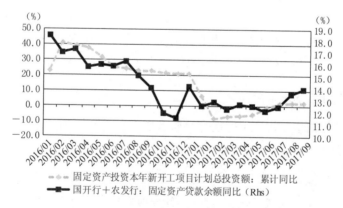

图 7.9　政策性银行贷款维持较高增速

资料来源：国家统计局，兴业银行研究院。

三、总结

2015—2016 年,由于预算外收支被纳入预算管理、经济增速下滑、土地市场降温等原因,我国政府预算内收支差额显著扩大,同时,政府的预算外支出也在大幅扩张。根据我们的粗略测算,截至 2016 年底,真实的狭义赤字率或已突破 3%,而政府的广义负债率或已超过 60%。即无论从赤字率还是从负债率的角度,我国政府债务水平可能已达到《马约》曾划定的"警戒线"。

2017 年,财政部 50 号文、87 号文等一系列规范地方政府举债的文件和举措密集出台。7 月 24 日,中央政治局会议的新闻稿中首次大篇幅地讨论了政府债务问题:"要积极稳妥化解累积的地方政府债务风险,有效规范地方政府举债融资,坚决遏制隐性债务增量。"在此高压态势下,不少地方政府违规举债问题已得到整改和清理。叠加 2017 年土地出让金和名义 GDP 高增的影响,2017 年我国政府的赤字率和广义负债率有望保持稳定。

我国地方政府过度举债的根本性原因,首先是分税制改革的遗留问题,即地方政府的财权与支出责任不匹配。分税制改革后,我国地方政府本级收入占全国财政收入的比例从 70% 左右下降至 50% 左右,而地方政府仍需承担稳增长等中央下达的其他各类任务。其次,我国地方政府预算管理缺乏透明性和科学性,预算软约束普遍存在。再次,我国地方税制不够健全。发达经济体地方政府的主要收入通常来自财产税,而在我国,由于财产税缺位,地方政府不得不长期依赖于土地财政。

因此，为了一劳永逸地解决我国地方政府债务问题，必须从三方面加快财政体制改革。一是明确并优化中央与地方支出责任的划分，二是硬化政府预算约束，三是健全地方税体系。这也正是十九大报告所指明的方向。

第8章
房地产泡沫与金融风险防范

　　2015 年下半年至 2016 年末，中国主要大城市经历了一轮前所未有的房价暴涨。这期间房价地价双双暴涨，涨幅历史空前，很多大城市在一年半内房价暴涨了近 100%，市场持续迷漫着狂热的、具有高度传染性的不理性情绪，由此蕴含的系统性金融和宏观经济风险巨大。如今回眸这个特殊历史阶段，之所以短期内房地产市场出现前所未有的狂飙的原因，除了长期的流动性泛滥加上经济突然下行而激发的资产荒，也与房地产所特有的金融放大功能有关。本文从解剖静安地王案例入手，分析了房价越涨越容易获得高杠杆支持的房地产金融属性和由此产生自我增强的滚雪球效应。房地产不是货币蓄水池，反而会通过信用预支未来收入创造货币，从而进一步加强流动性泛滥和加剧资产荒。近期的房地产金融过度创新对地价和房价进一步推波助澜。在房地产去库存成为国家战略和市场普遍认定政府对房地产市场存在隐性担保的背景下，新型金融创新产品高度放大了对房地产的投资需求，也为这种投资需求的实现提供了资金保障。此外，房地产市场的市场失灵与房企公司治理中的道德风险放大了房企疯狂拿地的赌性。应对当前大城市房地产市场异动，需要多管齐下、标本兼治。

一、静安地王案例

（一）静安 817 地王案例概述

2016 年 8 月 17 日上海静安中兴社区（原闸北区不夜城板块）332—333 地块的商住土地出让，吸引的是全国开发商的眼光，但其结果震惊的是全国公众。该地块占地 3.1 万平方米，可建面积 11 万平方米，规划面积中住宅 90％、商业 10％，要求建设住宅不少于 931 套，起拍楼面价单价 4.18 万元、起拍总价 46 亿元。有 18 家知名大开发商参加了竞拍，经过 452 轮激烈竞价后，源自福建、总部刚刚迁居上海的房企融信以总价 110.1 亿元拿下了这个地块，楼面价单价 10.02 万元/平方米，扣除商业配套以及配建保障房的实际楼面价约 11 万元/平方米，将中国楼市的单价地王纪录大幅刷新。

这个并非在上海传统核心地段，虽被媒体称为静安地王、但实际处于原来闸北不夜城地区，一块占地 3 万平方米、仅相当于 4 个标准足球场大小、项目建成后容纳不了 1 000 户家庭居住的土地卖出了 110 亿元天价，相当于拥有 17 万员工之众的巨型央企中国中车股份在 2015 全年所创造利润之和，实在是令人震惊。

静安地王最让人瞠目结舌的是 11 万元/平方米的楼面单价。静安中兴社区地块周边在售的豪宅新房单价在 9 万元—11 万元/平方米，业界预计这个项目未来售价只有超过 15 万元/平方米才能保证有回报率，这意味着融信在豪赌这个已经天价的地块在未来 2—3 年内房价至少还要涨 30%—50%。

(二) 静安地王为何是融信

静安地王让融信又一次举国业界闻名。融信曾于 2016 年 7 月 29 日在上海楼市的最大热点板块之一——新江湾板块以 31.5 亿元竞拍购得占地面积 3.98 万平方米、可建面积 5.97 万平方米的 A4-01 纯住宅地块，表面上折合楼面价为 5.28 万元/平方米，溢价率为 51%。融信是近年来气势凶猛、席卷全国楼市的闽系房企中的一个突出代表。近年来国内楼市劲刮闽风，各大机构统计的 2015 年房企百强中闽系房企都占到五分之一，在前 50 名中的比重更高。2016 年，闽系房企更是表现抢眼。虽然融信目前销售规模上还不如率先走向全国老牌的稳健性闽系房企世贸、旭辉，在差不多同时崛起的新闽系房企中也暂时还落后于泰禾、正荣、阳光城，但融信更加高调，在土地市场上更加咄咄逼人，财务杠杆也更加急速膨胀。融信 2016 年 1 月在香港上市，3 月把集团总部迁往上海，正式定位为全国性房企。按照克尔瑞的统计，2015 年融信集团的集团销售金额 295 亿元，排名全国房地产开发企业第 29 名，相比 2014 年跃升 15 位。但 2016 年 1 月在香港上市的融信中国，其 2015 年年报向投资人公开披露的 2015 年销售额就只有 130 亿元(另有说法是 119 亿元)，销售套数不足 8 000 套，为 7 918 套，销售均价 2.16 万元/平方米；这 130 亿元的销售额中来自上海的就有 58 亿元，其次为福州，贡献了 44 亿元，杭州贡献了 29 亿元。对上海市场的高度依赖，已使其转型为主要耕耘长三角和福建的房企。

融信中国 2015 年没有购买一块地，但 2016 年 1—8 月在土地市场大举出手，抛出 345 亿抢下 14 宗地，合计拥有 165 万平方米可建面积的土地储备，平均楼面价 2.1 万元/平方米，平均溢价率为 67％。融信位居当年同期房企买地总投入的第九位，远高于其销售规模和资产规模的排名。其中融信在上海 3 宗地耗资 151 亿元，杭州 8 宗地耗资 139 亿元，沪杭两地占了总投入的 85％。在上海的 3 宗地块中，除了 8 月 17 日抢下的静安中兴社区地块和 7 月 29 日在新江湾抢下的地块，融信还于 2 月 25 日以 9.8 亿元在青浦购得一块可建面积为 6.36 万平方米的综合用地，楼面价达到 1.54 万元/平方米，溢价率为 28％。

值得注意的是，根据融信中国发布的 2015 年公司年报，其 2015 年全年营业收入才 74 亿元，税前利润 24 亿元，净利润更只有 14 亿元。此外，其 2016 年半年报还显示，融信中国 2016 年上半年的总资产净利率为 2.07％，净资产收益率（摊薄）为 12.20％，销售毛利率为 18.40％，销售净利率为 14.56％，固定资产周转率为 7.38，盈利能力、销售能力和营运能力看上去都很一般。

可为什么偏偏是融信能一鸣惊人成为中国单价地王？根据对相关公开资料的梳理和分析，笔者认为主要有以下几个原因：

首先，融信能做静安地王是闽系房企金融能力强的综合体现。闽系房企普遍拥有家族财团背景，家族成员或老乡之间喜欢抱团，通过同乡商会相互融资，协同作战，同进同退，关系十分紧密。如融信集团董事长欧宗洪和目前规模更大一点的正荣集团董事长欧宗荣以及神秘财团福建欧氏投资集团掌门人欧宗金是三兄弟，欧宗金是老大、欧宗荣是老二、欧宗洪是老三，他们出生在莆田，也发家在莆田。在 2016 年福布斯中国富豪排行榜上，老二欧宗荣以 205 亿元身家排在第 98 位，老三欧宗洪夫妇则以 165 亿元名列 145 位，实力都很雄厚。老大的欧氏投资集团旗下拥有全资、控股和参股企业十余家，当融信和正荣在全国四处大肆拿地的时候，欧氏投资集团帮助融信和正荣对接福建民间资金，是一个集团作战模式。福建民营经济十分发达,众多民营老板通过钢贸、医疗、家具、鞋帽等生意积累了大量财富,在 2016 胡润中国百富榜中,来自福建的富豪占了 9 名,仅次于广东的 11 名,居全国第二。但因为经济下行,这些富豪手头的巨额资金不愿进入实体经济,又无处可去。而福建民间资本市场很活跃,融资渠道多,于是福建大量民间资金借助闽系房企的渠道进入了房地产开发行业,成为闽系房企在全国攻城略地的后盾。

其次,融信舍命做静安地王是一批新兴房企"高杠杆+高周转+高扩张+高风险"作风的必然宿命。静安地块的地价 11 万元/平方米,跟周边当前房价持平,这个项目要赚钱必须赌周边已经是天价的房价在未来 3—4 年还会再暴涨至少 30%—40%,这无疑是很大的赌博,风险非常高。虽然不少媒体把"高杠杆+高周转+高扩张+高风险"的四高模式看作是闽系房企的一个标志性标签,但笔者不想限于闽系房企去看这个发展模式,因为融创、信达、雨润和当初的顺驰等不少房企也都是这种"四高"发展模式,只不过有的暂时成功了、风光无限,有的死掉了和被人遗忘了。这类房企大多起步晚,资源少,在激烈的市场竞争中,要实现弯道超车,就只能高风险放手一搏。融信(中国)的营业收入在 2011—2015 年的四年中从 12 亿飞跃到 74 亿,增长了 5 倍多。还有同样是闽系房企的阳光城地产,2011—2015 年的销售额从 23 亿元做到了 300 亿元,四年扩大了 12 倍,更加震惊业界,也是同样的高速扩张手段。高扩张都离不开高杠杆。融信中国 2015 年末总资产只有 348 亿元(其中存货 246 亿元),总负债却高达 297 亿元,资产负债率为 85.42%,在港股地产公司中排名十分靠前。融信中国在港交所上市时候的招股书显示,2013 年和 2014 年的资产负债率也分别为 91.79% 和 96.74%,2012—2015 年的净资产负债率分别为 171%、504%、1541% 和 247%,一直把杠杆放得很高,偿债风险长期高位盘旋。阳光城在 2014 年的净负债率一度高达 400%,近三年资产负债率都超过了 80% 以上。

值得指出的是,从历史上"三高"扩展模式的案例经验来看,一旦进入"高杠杆+高周转+高扩张",就像踏上高速战车一样,欲罢不能,很难刹车减速,否则就会车翻人亡。因为一旦用上高杠杆,就必须"高周转+高扩张"做大盘子才能摊销飞速膨胀的融资财务成本,营业现金流稍有减速,就会马上面临无法偿息、资金链断裂的巨大风险。所以对这类火箭串升型的房企来说,"拍地王可能找死,不拍地王马上就死"。"三高"模式在房地产上升周期才会兴起膨胀,但上升周期越到顶峰,土地市场竞争越激烈,如果不出高价肯定是无望拿地,而这类房企是不断要有新项目进来才有流水。如融信中国年报显示,其 2015 年的固定资产净值才10 亿港币。表面可以说其秉承一种能卖就卖、绝不持有的经营观念,而背后实质是因为短期偿债压力巨大、被逼无奈,丝毫不敢想长期持有发展的事情,为此除了不断买地来建房出售,就没有什么现金流来源去应对不断上涌的巨额利息。对这类房企而言,"面粉比面包贵"是麻烦、是风险,但一旦没有面粉,现金流的流水线停顿下来,很快就被饿死了。房地产业界有云,融信要么不出场,有融信到场竞拍,一定志在必得,不得不休。而面粉虽然比今天的面包贵,多少还有可能比明天的面包便宜。如另一家知名闽系房企泰禾 2014 年全国到处疯狂抢地王,净负债率一度高达800%,业界很多人惊呼下个月就可能倒下,但是它偏偏运气好赶上楼市强劲反弹行情,赌赢了,2013—2015 年销售额连续几级跳,从 168 亿、230 亿蹦到了 323 亿,房企排名也从 40 名左右跃升至全国第 22 名。这样的豪赌胜出,大大鼓励了一些后起房企争相疯狂生长的野心。在这些榜样激励下,抱着赌徒心理,"四高"房企拼死也要做地王。

(三) 地王频出,并非一城一地

如果只是融信一个房企或某种模式的房企不惜风险去拼命做地王,本身还不值得那么多关注,最多说明这种模式的疯狂之处和悲剧之处。如果只是上海容易出地王,那也不必太担心,地价奇高,只是上海这个城市的特性而已。然而,让人焦虑的实际情况是,2016 年以来各大热点城市的地王纪录如战国烽烟一样四处燃放,各地单价和总价地王的纪录在短时间内频频被刷新。

从静安 817 地王竞标过程就可以看出,参加竞拍的 18 家开发商,囊括了万科、保利、招商、龙湖、仁恒、中粮＋建发＋首开、华润＋华发、世贸、雅居乐、融创、融信等国内著名大开发商。这些开发商在拍卖过程中先后纷纷举牌参加竞标,连一向自持稳健的万科都几度跃跃欲试,举牌到至少 83 亿,仁恒则与中粮＋建发＋首开联合体两家在 100 亿以上一直与融信"三国杀"到最后一刻。这说明,表面上是融信一家出风头到处争当地王,实际上是整个房地产开发行业都在狂躁疯狂中。

从住宅土地单价的历史纪录来看,前 50 名中一半是 2016 年创造的,八成以上是近三年的。2016 年以来的住宅单价地王中的前四名都能进入中国有史以来住宅单价地王的前十名,其他六名也是在 2014 和 2015 年诞生的。单价地王历史前十名中七名来自上海,深圳以 2015 年 12 月宝安区一块纯住宅地块 7.9 万元/平方米的楼面价占据第二,此外还有 2016 年 4 月 5.7 万元/平方米的楼面价占据了第八名,北京以 2014 年 7 月西城区金融街成交的一块商住地所创造的 6.3 万元/平方米占据了第六名。在前 50 名中,上海一个城市就占了一半,深圳和北京都仅有

4 席。可以看到，上海是中国单价地王的最大温床，深圳、北京、杭州、南京和厦门也是单价地王高发地带。

静安中兴社区地块总价 110 亿元，毫无疑问是个天文数字，可在中国楼市的地王总价排行榜中还不算最前面。之前有很多媒体报道 8 月 17 日静安中兴社区土地成交创下有史以来中国土地总价和单价双地王纪录，这个说法存在不确切的地方。110 亿元在中国土地总价地王榜中只能排在第十一名。仅 2016 年 1—9 月，国内就至少有三个更大的总价地王。5 月 27 日，位于杭州滨江区奥体板块的占地面积 15.8 万平方米、可建面积约 57 万平方米的 9 号商住地块，引发 17 家开发商疯抢，万科和信达联合体以 123.18 亿元总价竞得，楼面价 2.16 万元/平方米，溢价率达96％。6 月 8 日，深圳光明新区高新技术园区的一宗占地面积9.9 万平方米、建筑面积 50.9 万平方米的商住地块进行拍卖，龙光以总价 140.6 亿元竞得地块，楼面单价为 2.76 万元/平方米，溢价率为 160％。8 月 29 日，深圳宝安区大空港范围内新会展中心（一期）集体出让 11 宗总占地 52.8 万平方米（建筑面积 15.4 万平方米）的配套商业用地，以邀请投标的方式出让，招商蛇口和华侨城联合体以 310 亿元夺标（楼面单价 2.01 万元/平方米），一举打破 2009 年 12 月广州亚运村保持 6 年多的 255 亿元全国总价地王纪录，而后者是一块占地 263 万平方米、建筑面积 438 万平方米的超巨型土地出让。历史以来的总价地王前五十名中，上海占据十五席，深圳七席，北京六席，广州和南京都是四席。

如果按照拿地总投入来论，无论是融信、其他闽系房企，还是也爱做地王的赫赫有名的国企信达，比起真正的全国性的大牌房企万科、保利、华润等来说，其实还是小巫见大巫。2015 年到2016 年 8 月，房企买地投入排名第一的保利已经为新增土地储备投入了 1 092 亿元,在全国各地拿下了 98 块地,万科也投入 1 022 亿元拿下了 135 块地。信达和融信在这个排行榜分别只排第十七和第二十名。可见,争做地王不是融信一家两家的事情,也绝不限闽系房企,地王也不限出在上海,而是诸多热点城市,甚至包括很多二三线城市。地王已经是当下中国楼市一个普遍蔓延的现象。那么,到底是什么点燃了房企抢做地王的疯狂之心呢? 地王频出背后的逻辑究竟是什么?

二、房价地价泡沫化背后的逻辑

关于地王现象乃至房价地价泡沫化最简单、最天真的一种说法就是,这些抢当地王的房企判断失误了,过于乐观了,将来会受到市场惩罚的。地王失败的案例确实也比比皆是,像当年顺驰就是一个典型案例,最终导致企业遭遇灭顶之灾。但这种说法也是最偷懒和最没有意义的。地价与房价暴涨现象的泛滥,显然有很强的内在机制在作用,背后逻辑需要仔细厘清。

(一) 房价地价泡沫化背后的经济逻辑

房价地价泡沫化首先是中国特色的流动性泛滥与当前宏观经济下行周期叠加的必然后果。中国经济自改革开放之后的一个突出特征是货币深化程度不断加强,即大量经济活动从实物分配转向货币分配,如城镇住房、教育、医疗、养老等,催发了大量货币需求。中国经济的货币深化程度在 1992 年十四大明确市场化改革方向后进一步加速,M2/GDP 的比值从 1990 年的 81.6% 突飞猛进到 2015 年末的 205%。货币深化本身是对经济发展非常有益的,也是必须的过程,通过货币与金融媒介的经济活动比实物形态的经济活动在经济资源的配置效率上要提高很多。

但货币深化本身应该是有两重含义的，一重是量上的，如每万元的经济活动对应需求的货币数量在增加，常见的指标包括 M2 与 GDP 增长率的相对值、M2/GDP 之比或发达经济体更愿意用的金融资产总和价值与 GDP 之比。但在 1998—2003 年基本完成城镇住房、教育、医疗、养老四大方面的货币化改革之后，中国在量上的货币深化程度应该增长潜力不大；另一重含义是质上的，即信贷资金的配给由政府计划指令越来越多转向市场机制引导，即去除肖、麦金农等所说的"金融抑制"。这应该是市场经济从发育到成熟的最核心任务之一，也是最艰巨的改革攻坚。

然而 2003 年以来中国的货币深化进程仍然主要在量上，在质上进展缓慢。大量信贷资源仍然高度受管制，受政府指令约束，市场化程度不高，国有银行仍然占据金融体系的绝对主导，信贷资金过度倾向国有企业，民企很难获得银行信贷。近期《经济研究》上的一份研究显示，少数巨型国有企业占用了大部分信贷资金，是中国经济高杠杆的主要成因，民企近年来其实一直在降杠杆。国有企业在信贷方面的软约束和自身产出低效率相结合，导致金融资源的产出比不断降低。为了保障低效率国有企业的存活，扣除通胀后的实际利率就必须很低，为此中国 2003 年以后的货币深化进程的出发点就只剩下货币不断超发去压低实际利率，否则按照中国 2003—2012 年的高速经济增长，基础实际利率理应高出不少。货币不断超发的结果就是流动性泛滥。然而，这种流动性泛滥并不是可以惠及经济整体的大水漫灌，而是只针对国企的特殊福利，这就是中国特色的流动性泛滥。由于基础利率被压得过低，利率市场化又一直停滞不前，民企自身的高风险无法通过贷款利率得到有效补偿，那么银行就更加规避民企和偏爱国企，不仅国有银行，股份银行与民营银行也同样如此。

简而言之,利率非市场化、直接融资手段缺乏、信贷配给机制高度扭曲下的具有中国特色的流动性泛滥,加上经济长期高速增长,导致中国银行及整个金融体系积累了大量信贷资金供给却缺乏足够出口,带来诸多隐患:一方面,信贷资金的配置与产出效率长期被遏制,表现为每万元信贷资金催生的 GDP 持续下降。如 1978 年每亿元信贷资金可以支撑 1.96 亿元的 GDP 产出,1994 年也还可以支撑 0.98 亿元的 GDP,到 2003 年就只有 0.61 亿元了,2015 年更只有 0.44 亿元了;另一方面,信贷资金出路缺乏,通过贷款的回报率低,贷款用途占信贷资金运用的比重不断下降,从 1978 年的 100%,下降到 1994 年的 80%,2003 年的 70%,到 2015 年就剩下 61% 了。与此同时,从 2004 年起外汇占款在信贷资金运用中的比重徒增,从原来的 12%—15% 跳升到 20%,并长期维持在这个高位水平上,最高还曾经到达 31%(2008 年)。大量宝贵的信贷资金被用到了收益率很低的外汇占款上,从一个侧面说明信贷资金出路的匮乏和无奈。到 2015 年末,中国经济体已经积蓄了 154 万亿元可借贷资金,这些都是长期高速增长过程中积蓄起来的国民财富,也越来越多归属于民企与普通国民,但它们如同关在笼子里的老虎受到束缚。然而,是资金和财富就终要寻找有合理回报的出路,随时会像火山一样爆发。

如果中国经济处于快速增长周期,国企还能吸收和消化大量信贷资金。主要处于经济产业价值链上游的国企,利润率随着经济整体效益而膨胀,信贷产出效率再差,也能让银行回报尚佳,流动性泛滥尚不构成金融体系的负担。但如果经济突然断崖式跌入下行周期,经济产业价值链上游的国企会率先出现产能过剩和高库存,无力吸收极度过剩的信贷资金。民间投资本来就与银行信贷资金匹配性很差,经济下行期民间投资意愿更加不足。于是，由于经济，包括全球经济是突发地下跌，高速增长时期积蓄的大量资金突然面临非常严重的资产荒，对资金的需求像沙漠上的水一样消失了，资金无处可去。2015年上半年股市大牛市如干柴烈火一样一点就着，就是一个说明。

（二）房价地价泡沫化背后的金融逻辑

房价地价之所以一旦出现暴涨就如滚雪球一样不可收拾，还在于房地产具有金融放大功能，房地产自身就是货币创造者和信用发动机。市场上十分流行一句话，政府长期货币超发，带来流动性过剩，房地产是货币蓄水池，高房价可避免普通日用品的通胀爆发，所以政府乐见或至少不反对房价高涨。但这个推理忽视了，房地产本身不能让货币沉淀下来，购买房地产而消耗的储蓄货币在卖方那里又很快进入货币流通，尤其当二手房交易在大城市住房销售市场开始占据主导的时候。更重要的是，金融中所谓的货币通常是指M2，M2的绝大部分是存款，存款又主要是由贷款转化而来，而房地产贷款正在成为贷款的最主要增量部分。房价上涨所带来的按揭贷款需求增加，是将购房人未来收入提前预支，是未来信用的释放。2016年1—8月金融机构人民币贷款累计新增8.94万亿元，4.08万亿元来自住户部门，居民住房按揭贷款（约3.6万亿元）是银行贷款的最大创造者。巨量按揭贷款的产生，刺激货币继续增发，流动性加快泛滥，信用加速扩张，这又进一步推高资产荒，并加速推高房价。

经济下行时，实际利率不可避免地低迷甚至为负，贷款利率降低无法抵消实体投资的高风险，但对中长期的居民按揭贷款却是最大利好。居民住房按揭贷款激增，这是吹大当前楼市泡沫的最主要弹药库。

金融教科书理论告诉我们，长期资产价格（P）等于资产当期现金流/租金(R)除以心理贴现率(r)减去租金预期增长率的差(g),即 $P = R/(r-g)$。在资产荒时代,很多人本来并不是抱着一定要房地产资产如何暴涨的出发点,仅是出于避险和抗通胀的目的,但当大家都这么想的时候,将心理贴现率降到很低,r 越小,可以忍受的资产价格 P 就越大,于是对避险资产形成抢购,资产价格就暴涨起来了。看到这个局面,各路资金更加争先恐后涌入楼市。笔者曾经调研过一些民营和股份制银行,纷纷表示只要房企敢借,他们就敢贷,不管什么渠道出去,贷给房地产总比贷给实体企业安全性高得多。房地产已经绑架了银行,绑架了金融。在这个格局下,房价和地价的双双暴涨已经难以避免。

如果资金存在其他投资出口,那么楼市压力本来不会这么大。然而 2015 年下半年股灾之后,连股市也不能进去了,那民间富足的资金只能进入被认为避险功能最强的楼市了。进入 2016 年后,资产荒形势更为加剧,2016 年 1—7 月全国城镇固定资产投资增速为 8.1%,创下 2000 年以来最低纪录,其中民间固定资产投资更是断崖式暴跌,增速只有 2.1%,比去年同期少了 9 个百分点,更加剧了资金向房地产行业的涌入。

如今房地产贷款余额已经占到银行贷款余额的近四分之一,在中长期贷款余额中比重更是达到了 40% 多。在新增贷款中,房地产贷款比重更高,尤其是按揭贷款,呈现快速上升趋势。2016 年 1—8 月金融机构人民币贷款累计新增 8.94 万亿元,4.08 万亿元在住户部门,居民住房按揭贷款就占了约 3.6 万亿元。尤其进入 3 月份之后,住户部门吸收的新增贷款资金已经全面压倒企业部门,更夸张的是 7 月,当月金融机构新增的 4 636 亿元人民币贷款几乎全部进入了住户部门,而企业部门的贷款资金反而净流出了 26 亿元。8 月份也没有明显改善，当月金融机构新增的 9 487 亿元人民币贷款中，有 6 755 亿元进入了住户部门，企业部门只流入了 1 209 亿元。

（三）房价地价泡沫化背后的政治逻辑

房价地价泡沫化也是中国房地产政策系统性偏误长期累积后的必然表现。诚然，当前优质资产荒是公认的客观事实，但问题出在为什么当前房地产会被中国各个阶层一致认为是最佳的避险场所。其实中国房地产并非没有出现过危险时刻。2008 年国际金融危机时，不少城市，包括上海都出现过房价下跌的局面，2008 年 10—12 月国务院出台多项紧急救市政策都收效不大，楼市形势曾一度十分危急，但 2009 年因为 4 万亿计划的巨额流动性注入及其带来的经济复苏，反而在下半年出现了创历史纪录的暴涨。远的不说，就说近的，对于负面记忆，人们善于选择性健忘。2014 年下半年和 2015 年上半年股市最风光的时候，也是绝大部分城市楼市最低迷、最危险的时候，除了深圳是个例外。2014 年，大多数城市的商品房销售都出现两位数的负增长，房价下跌也很普遍，连上海和北京的房价都出现了局部松动，广州更是出现了全面性的房价下跌。2015 年上半年，大部分热点城市在"330"楼市刺激新政下也没有太大的起色，直到 6 月"股灾"发生和 8 月股市彻底一蹶不振后，上海和南京、合肥等部分二线热点城市的楼市才一步步火爆起来。

2014—2015 年上半年的经历，说明中国楼市与股市之间本来是存在一定的替代关系的，也说明如果实体经济或新兴虚拟经济能够吸纳一定的流动性，楼市的压力就会小很多。但当实体经济包括股市不能吸纳流动性的时候，楼市并非必然成为唯一的货币蓄水池，因为房地产本身还是具有高资金门槛、高风险、流动性差的特点,并非适合大众投资。

　　直到 2015 年末,大多数城市包括多数二线城市的楼市仍然没有明显好转,这才有 2015 年 12 月中央经济工作会议高调地把房地产去库存作为头等大事之一。然而,由于有关部委执行中央的房地产去库存政策过于火急火燎和运用政策工具不当,如 2016 年 2 月份央行负责人公开鼓励居民加杠杆去消化房地产库存,国税总局也大力优惠减免房地产交易税费,然而三四线城市库存有增无减的同时,"虹吸效应"发挥,全国资金奔向一线城市。这样,具有讽刺性的是,中央才喊出房地产去库存没有几个月,上海和北京的楼市在 2016 年春节前后轮番飙升,抢房潮凸显,补库存压力巨大。住建部不得不在两会中紧急提出"因城施策",上海市政府也紧急推出"325"楼市新政加强限购。但上轮全国楼市狂飙未止,反而迅速蔓延到南京、合肥、厦门、武汉等二线城市。

　　总结上轮楼市从全国去库存到一二线城市要补库存的大逆转,其实与 2008 年楼市惨淡与救市、2009 年下半年就突然暴涨的周期反复十分相像,经验教训也高度相同。2009 年也是地王频出的一年。根据中指院数据,2009 年中国 70 个大中城市土地出让金共计 10 836 亿元,同比增加 140%。2009 年土地成交地块溢价率前 20 名的门槛都已经是 427%,最高的更达到 767%。但 2016 年也是因为有了 2008—2009 年楼市爆发性大反弹的"前车之鉴",很多房企笃信历史还会重演,为此争先恐后抢做地王。

　　当然,他们的底气不是来自简单相信历史还会一次次重演,而是自认为看穿政府在经济下行期对房地产的高度依赖症。从历史经验上看,政府在经济上行周期对调控房价和消除楼市泡沫还有一定动力,对房地产依赖度相对较小,但在经济下行周期对房地产的依赖性陡然增加。因为房地产不仅关联的产业多,还是地方财力的主要来源。楼市不景气乃至陷入困境，首先遭殃的就是地方政府财力，也就让地方政府拉动经济的能力失去大半。房企由此认为，经济下行期政府一定要保房地产，才能防止宏观经济不崩盘。

房企认为，只有这样才能解释，消化房地产库存，本来应该是房地产开发企业自身的事情，最多是房地产行业层面协调的事情，在中国却能上升成为国家经济战略的事情。他们一致认为，在经济下行期，政府对房价泡沫和地价泡沫会喜闻乐见，乃至会大加欣赏和鼓励，所以经济下行期才是楼市抄底的绝好时机。当激进派房企自认为看穿政府在经济下行周期必保房地产、一定会去托底救市的底牌之后，就不惮高风险也要大举豪赌楼市。在他们眼里，不仅楼市不景气政府就一定会来救市，而且越是大的项目，政府就会越保，以免产生连锁反应、引发系统经济危机。"Too big to fail"，大才不会倒。做得越大，反而越安全。激进派房企还认为，也只有敢在经济下行期豪赌，疯狂做大，才有机会兼并竞争对手，在行业洗牌格局中占据先机。于是这些房企就更有强劲动力去舍命做地王了。

对于房企的这些大冒险想法，各部委和地方政府并非不知道。但出于种种原因，在地王声势刚起来的时候态度暧昧，模糊淡化，没有及时出声出手和表明态度，放任自流，让房企自觉之前对政府态度的判断得到验证，更加放肆地抢做地王，并形成传染效应，使一线二线城市的地王此起彼伏，进而带动房价飙升。等政府有所觉醒而想做一些干预的时候，房企已经成功绑架了银行和金融体系，政府一时骑虎难下，进退两难，政策空间十分局促。

（四）房价地价泡沫化背后的创新逻辑

房价地价泡沫化也是中国房地产金融工具过度创新的产物。

在流动性泛滥的背景下，房企的融资手段十分丰富，资金弹药十分充足。房地产本身又具有可抵押的特点，很容易吸引到大量资金。当前影子银行大量存在，融资方式层出不穷，监管完全跟不上。这时候即使政府想抑制房价和地价泡沫，想办法关死银行给房企发放开发贷款的龙头，也不像以前几轮房地产调控时期收效那么大了。

1997—2012 年，进入房地产开发行业的资金高速增长，但来源十分单一，除了企业自筹之外主要来自银行贷款，包括间接地来自按揭贷款。在 2010 年国十条楼市调控之后，进入房地产的银行开发贷款受到诸多严格的配额限制。2013 年之后，房地产开发企业的资金来源面临停滞。2016 年上半年，对房地产开发企业的贷款继续紧缩，房企来自银行贷款的资金同比只增长3.2%，非银行贷款甚至萎缩了 2.5%。企业自筹资金也在萎缩，同比负增长 0.1%，其中企业自有资金增幅 4.6%。外资资金同比下降了 63%！但另一方面，个人按揭贷款突飞猛进，同比增长57%，占到房地产开发资金来源的 16.5%；定金及预付款也同比增长 34%，为房地产开发资金贡献 27.8%。这个转变有重要的含义：央行总体上对房企还是持紧缩审慎态度，房企从银行获得融资的外部环境总体上仍是困难的，但一旦房价起来，购房者为房企输送资金的能量就很大了。这意味着，即使央行责令银行停止为房企的土地贷款输血，房企通过抓住楼市购房热就能缓解自己的融资压力，又有信托、公司债、基金等各种新管道的大力支持，他们在土地市场上资金依然充足。

合作拿地是房企扩张的常用手段，尤其是中小房企。融信在这方面十分典型，融信当初进入上海市场时，即是通过与绿地非常紧密的合作。2016 年 1—8 月融信拿下 14 宗地块，成本达到

345 亿元,但这些项目基本上都与相关房企合作共同拿下。融信 8 月曾对外回应,按权益比来计算,融信当年实际拿地权益只有 198 亿元,公司为这些新购地块需支付的土地款项为 140 亿元,目前已支付了 65 亿元左右,当年下半年需支付的金额不到 80 亿元。所以融信这类激进派房企的融资压力往往并没有表面上看起来那么大。

国内房企早就开始了多元化融资,还深深介入金融业。以融信为例,早在 2009 年,融信就入股了莆田农村商业银行,成为该银行董事。2014 年 11 月,平安银行和融信集团签署《银企战略合作协议》,首期为融信项目授信 65 亿元。融信同样进军了保险行业。2016 年 4 月 25 日,融信发布公告称,融信的全资附属公司融信投资与京东方科技、平潭国有资产、平潭投资及北京旋极订立发起人协议,将成立合营保险公司,业务涵盖人身保险、再保险及保险代理,各订约方分别持有合营公司的 20% 股权,最终出资总额为 20 亿元。借力银行和保险,融信的高速扩张之路得以展开。

信托融资是当前非国有房企最普遍的手段。以融信为例,从其招股书就可以看到,融信房地产开发项目对信托融资依赖度很高,既有纯粹的债务,也有"明股实债"。2015 年末,融信借款总额 186.284 亿元,信托占到了近 90%。

发行公司债也是房企常用的融资手段。以融信为例,从 2015 年底至今,融信中国发行了 8 批公开或私募的公司债券,共计约 120 亿元,票面利息在 6.20%—7.89% 之间,使其拿地资金得到有效保障。从全国来看,近年房地产业公司债券发行规模增幅迅猛。2015 年房地产业共发行公司债券 4 122 亿元,占总体公司债比重的 18.94%,2016 年 1—7 月发行量 5 070 亿元,超过去年全年,占同期总公司债比重的 27.99％。

如今市场上债券品种缤纷繁多,让人眼花缭乱。永续债在会计上被当做类优先股,在资产负债表中算成少数股东权益而非负债。融信就通过这个手段,大幅降低了资产负债率,但也由此背负了很高的利息负担。融信中国公布的 2016 年半年报显示,其总资产规模从 2015 年底的 348 亿元上升到 632 亿元,增幅超过 80％,负债从 297 亿元增加到 489 亿元,增长 65％,总权益则从 51 亿元飞升到 144 亿元,升幅超过 184％,导致资产负债率有所好转,从 2015 年底的 85.42％下降到 77.28％,净负债率为 89.83％,较 2015 年末也下降了 157％。融信中国 2016 年中的流动负债为 295 亿元,长期借款为 180 亿元,后者在半年内净增加了 110 亿元。但业界人士指出,在融信中国的 2016 年半年报中,少数股东(非控制股东)权益为 56.1 亿,与截至 2015 年 12 月 31 日的 7.7 亿相比出现了大幅增长,并首次出现了 17.21 亿的永续债。永续债在会计账面上粉饰了资产负债率,然而明股实债,融资成本很高。

资产证券化产品也大举进入房企融资体系。2016 年 7 月 8 日,融信宣布向合格投资者发行购房尾款应收账款的资产支持证券(ABS),本金额为人民币 8.8 亿元。融信这笔资产支持证券采取分级发行方式在上海证券交易所发行:第一级是优先 A 级份额,金额为 5.72 亿元,三年期,发行利率 4.8％;第二级是优先 B 级份额,金额为 2.55 亿元,三年期,发行利率 5.4％;最后一级是次级份额,金额为 5 280 万元,三年期,无固定利率。早前,碧桂园、世茂、华夏幸福等多家大房企都已经尝试过以 ABS 模式提前融资套现,加快资金回笼。据统计,目前国内以售房应收账款作为基础资产发行 ABS 的房企已经超过 5 家,涉及资金在百亿元以上。以售房应收账款为基础资产的 ABS 的兴起，标志着国内房地产金融工具创新进入一个新阶段。

说到地王，除了融信之外，不可不提具有神秘背景、由财政部控股的信达地产。信达地产自 2015 年以来疯狂地吃下了 7 个地块：2015 年 6 月以 44 亿元拿下广州天河地块，2015 年 7 月以 34 亿元总价拿下合肥滨湖地王，2015 年 11 月以 73 亿元总价、楼面价 4.9 万元/平方米拿下上海新江湾城地块，2015 年 12 月以 30 亿元拿下深圳坪山地王，2016 年 1 月以 34 亿元总价、楼面价 3.7 万元/平方米拿下杭州南星地王，2016 年 5 月再以 123 亿元拿下杭州滨江地王，2016 年 6 月又以 58 亿元总价、楼面价 3.7 万元/平方米拿下上海宝山顾村地王。信达 2015 年以来累计砸下 396 亿元购地，其中 2016 年以来就达到 215 亿元。

信达与融信十分相似，也是一个以小博大的公司。信达地产 2015 年销售额才 105 亿元，排名中指数版 2015 中国房地产百强 48 名，还不如融信中国。根据其最新的 2016 年中报显示，信达地产的年化总资产净利率才 0.39%，销售毛利率 22.91%，销售净利率 3.60%，都很一般。但由于背靠财政部控股的中国信达资产管理公司这个金融巨鳄，信达的融资渠道十分广泛，融资方式也灵活多样。

信达地产常通过基金获得母公司的委托贷款。仅 2015 年 12 月及 2016 年 1 月，中国信达就通过金融机构向信达地产发放委托贷款合计 49.3 亿元。此外，截至 2016 年 6 月底，信达地产在合并口径下的授信总额为 479 亿元，已消耗授信接近 300 亿元，尚有可使用余额 183 亿元。另外，背靠中国信达，信达地产的公司债也很容易以优惠利率销售出去。2016 年 1—8 月，信达地产已经发行了两期公开债券和两期非公开债券，总融资额度 90

亿元。其中,两期公开债券的票面利率分别为 3.8% 和 3.5%,非公开债券票面利率分别为 5.56% 和 4.50%,都十分接近银行基准利率。

信达地产还常用"区域公司＋夹层基金"联合体的模式去拿地。这样可以充分借助中国信达及关联方在资金方面的优势,打造金融地产模式。在夹层基金中,信达自己充当基金的管理者即普通合伙人(GP),为基金的出资人即有限合伙人(LP)提供优先、中间、劣后等三级回报的基金入股选择。优先级 LP 的实质是"明股实债",风险较小、收益较固定;而劣后级 LP 吸纳的是真实的股权投资人,高风险、高收益。据资料显示,信达地产夺得上海新江湾"地王"和广州天河"地王",都采用了夹层基金的运作手法。其中广州天河"地王"地块,由信达地产的全资子公司广州信达和上海立瓴联合拿下。上海立瓴的股东则是广州信达和夹层基金"宁波汇融沁宜"。"宁波汇融沁宜"又来自中国信达的子公司和其他资金。信达地产直接和间接最终拥有该项目 19% 的权益。尽管投资比例看起来不大,但夹层基金是一种以小博大、高杠杆的融资方式,信达地产的资本回报率有可能非常高。而且夹层基金的模式还可以粉饰会计报表,降低资产负债率,扩大了企业有限的自有资金投资到更多项目的可能性。

然而,由于作为国企的信达地产的资金可能确实太容易得到了,存在融资软约束,有些被廉价资金冲昏了头,在土地市场上肆无忌惮、不计成本。信达地产这一年多来拿到的 7 个土地普遍溢价率都畸高,溢价率最高的是最新竞得的上海宝山顾村地王,高达 303%,7 个地块平均溢价率达到 89%,比融信 2016 年 1—8 月拿下的 14 个地块的平均溢价率 67%,还要高出不少。信达地产 2016 年中报显示,6 月末其资产负债率高达 85.60%,负债净值比率达到 595%,2016 年上半年其总利润才 2.74 亿,净利润更是只有 1.1 亿元,大量营业收益被急剧膨胀的财务费用所吞噬。

从这个角度,融资创新是把双刃剑,给企业带来扩展业务便利、突破规模瓶颈的同时,也让企业容易陷入自大膨胀和忽略未来高风险的境地而不自知。

进一步,由于上轮房地产金融创新在股权型金融工具方面还没有大的实质性突破,主要还是集中在债务型金融工具的创新,这更加容易导致系统性金融风险"静悄悄"地积蓄。相对股权型金融工具,债务型金融工具对信息不太敏感,减少了逆向选择,有利于加快资本市场流动性和扩大企业融资。但正是由于债务型金融工具对信息的不敏感,市场主体缺乏去主动收集瞬息万变的市场信息的激励因素,资本市场上信息流通不充分,市场透明度低,金融体系的系统性风险就会"静悄悄"地累积。房地产中的债务型金融工具因为有抵押品在手,债权人更加对信息不敏感且缺乏随时关注市场的激励因素,系统性风险的积累会更容易被忽视。而且,债权人出于对土地与房产这类抵押品抗风险性能的迷信,很容易出现债务资金对所谓优质地产项目的扎堆现象,加上房地产债权主体往往区域性很强,债务风险很难有效分散,债务可变现性也低,所以房地产金融体系相对其他金融体系其实更加脆弱。一旦房地产市场出现逆转预期,哪怕个别项目违约,区域内的恐慌传染性很强,高度区域化的房地产债权主体抗风险性又很差,容易引发雪崩式的金融风险。

(五) 房价地价泡沫化背后的市场逻辑

房价地价泡沫化也是房地产市场自身失灵的结果。由于房地产存在异质性强、缺乏标准定价的特点,房地产市场的参与者之间存在严重的信息不对称,房价趋势谁都无法看得很清楚。同时房地产已经高度金融化,价格产生机制严重异化,当前价格不再仅由供求基本面决定,而受入场资金的力量对比影响更大,很容易被预期操纵所影响。高价拿地、获得"地王"称号而受市场瞩目,是一种信号显示机制。房企通过权衡信号显示收益和信号显示成本,做出决策是否高价拿地。戴上"地王"帽子可享受"地王"身价带来的多重收益。"地王"产生的信号收益分为以下几类:

(1)凭"地王"立威,起到广告效应,打开新入市场。

某些企业,其母公司资金实力十分雄厚,但刚进入房地产市场或者在其所属区域不太有名,很有动机通过竞标获得地王称号以吸引媒体眼球,凭地王头衔立即在当地业界名声大噪,迅速建立与当地政府以及银行、建筑商、设计商等的良好合作伙伴关系,包括有更好的筹码跟当地政府交涉土地规划和公建配套等事宜,便于项目的顺利开展。成熟知名大牌企业,没有追求广告效应的强烈需求,所以一般没有特别强的动力去做地王。万科经常说自己不做地王,也有它的道理。而且对于新兴企业而言,越是在一线城市做地王,广告效应越大,越有利在其他城市拿地,打开去外省拓展市场的局面。如笔者 2009 年的一篇文章就记录过,早在 2007 年 9 月,刚走出莆田的融信就以总价 9.04 亿元、楼面价高达 9 953 元/平方米的高价拍得福州白马路地块,成为当时轰动一时的福州"地王",一举成名。虽然到 2008 年 3 月初,因为遭遇楼市寒流,融信被迫将昔日高价拍得的土地退还,据称损失了 7 000 万元土地保证金,但融信已经通过福州"地王"的称号在福建地产业站稳脚跟。融信也由此尝到了做地王的甜头,之后欲罢而不能。不少房企也有类似的经历和经验。另一个著名案例是,2009

年 12 月中国建筑股份进军上海楼市就直接进军当时最热的新江湾板块，一举拍出 3.2 万元/平方米的天价，相当程度上也有通过制造地王品牌而在上海滩一鸣惊人的策略性考虑。

总而言之，出于企业发展的策略性考虑，加上抓到土地出让中可以多次分期交款甚至不交款、即使毁约成本也很低的制度漏洞，有不少激进派房企会采用不惜代价地抢夺地王、然后根据市场行情再伺机决定开发与否的策略。甚至有些房企根本就没有认真打算开发地块，随时做好退出准备。这种策略虽然满足了企业自身的利益最大化，但对市场干扰破坏很大。

（2）"地王"抬高公司自身价值，提升公司信用，便于融资。

因为资本市场对房地产上市公司最重要的考核指标就是土地储备，企业成为地王的同时也向市场宣传了自己的实力，能更加容易地引入战略投资，更容易 IPO 上市圈钱。这方面的典型案例包括，碧桂园和恒大在上市之前，都大肆储备土地，并以此为最主要卖点向资本市场兜售。如本计划在 2008 年上市的恒大，在 2006 年末的土地储备尚不足 600 万平方米，2007 年末则达到了惊人的 4 580 万平方米。也就是说，2007 年一年，恒大土地储备膨胀近 7 倍。恒大 2007 年 8 月 3 日不惜经过近 700 轮竞价，以 25.3 亿元天价分别摘得位于渝中区和九坡区黄金区域的两幅地块，一举摘得重庆地王"桂冠"，成为当年的囤地明星。这些动作都是为 IPO 作准备。已上市的公司拿下地王，就等于向公司装入等额资产，刺激股价抬高。此外，公司也可以利用"地王"概念进一步增发新股融资。可以注意到，很多时候，上市房地产公司一旦宣告要以发新股或公司债券形式筹资进行土地储备，都很受资本市场和股民追捧，筹资份额一抢而空，股价节节上升。于是，在楼市和股市之间，存在这样一张路径图：房价上涨，上市公司预期收益增加,带动了股价上涨,公司融资空间大增,在融资后再次高价储备土地,进一步推高收益预期。上市房企在楼市、股市的如此循环往复中实现了双丰收。

还需要提的是,资本市场和金融机构评判房企的安全性和信用能力,也主要是看其资产规模和销售额。如上海证券交易所 9 月 6 日发布的《关于房地产业公司债券的分类监管方案(试行)》(债券部函[2016]629 号),也主要强调以房企的规模来评价其信用风险。从互联网经济中,房企也认为得到启示,有了互联网思维:利润不重要,亏本没关系,关键是销售额和流水要不断增长,才能存活和发展,才能压倒对手留下自己。这样,房企就有强烈动力哪怕短期内亏本拿地也要加速扩张自己,同时挤出竞争对手。

从这个角度看,当下的房企已经早非传统意义上、以造房为出发点的公司,而更接近于一个通过拿地造房为谋利手段的金融控股平台。房地产就是金融,金融也高度依赖房地产。

房地产开发中特有的信息不对称性也加剧了地王现象。外部投资者往往很难精确评价一个房企的真实业绩、实际经营能力和未来发展态势,只能根据其土地储备多少来判断。这就内在地诱导房企拼命拿地。如同现在房地产业流行的一句行话,"拿地是找死,不拿地是立刻就死"。经理人的委托代理机制隐含的道德风险进一步放大了房企对高风险高收益的追逐。高风险高价拿地并销售成功了,高管可以获得大笔奖金,如果失败了,也转嫁到股民那里,自己的利益并没有损失。

(3) 制造"地王",作为拉高房价的营销手段。

前赴后继的地王现象对市场更直接的后果,就在于制造出房价还会继续暴涨的预期,炒作市场火爆气氛,从而实现抬价营销。

这种抬价营销在串谋层面上可分为三种：

第一种是行业层面的串谋炒作。对于土地市场和房产市场而言，信心决定市场走势，决定行业未来。也正因为房地产市场对国家经济和居民生活的重要性，从来都不缺乏镁光灯的关注。基于此，房企们心照不宣地利用争当地王的题材炒热市场，再利用地价对房价的传导效应哄抬房价，最大化诱导消费者的购房意愿，谋求自身利润最大化和行业整体超额利润，使自己和其他开发商都能在热烈的市场氛围中牟取暴利。

第二种是企业层面的串谋炒作。指两个或多个企业基于一次性的秘密协议或长期的合作关系，进行串谋炒作，通过一方的地王身份，附近其他方楼盘立刻产生提价销售的溢出效益。这种联动涨价模式可以在两个或多个相关开发商间展开，相互哄抬，可能通过秘密协议或重复博弈过程达到稳定均衡，帮助对方在售楼盘升值的同时，扩大自己的可获利空间。

第三种是项目层面的串谋炒作。对于炒作地王的房企而言，单个项目赚不赚钱并不重要，"地王"是个整体策略。哪怕一个地块的地王价格赌输了，但在本地其他项目的房价已经被炒起来了，乘机拉高出货，总体上还是盈利的。以融信为例，连续重金在上海和杭州砸地王，其手头现有的 22 个项目，6 个在上海、2 个在杭州。融信 2016 年 1—8 月取得的 124 亿元销售额中，45 亿元来自上海，50 亿元来自杭州。所以融信砸地王的选地目标十分明确，就是自己的大本营。信达的地王城市选择也明显是有的放矢的，并非随机决定。

(六) 房价地价泡沫化现象的逻辑总结

本文分析指出，2015 下半年至 2016 年末的中国大城市房价地价泡沫化，折射出中国经济发展模式、金融体系模式、房地产政策、房地产市场等方面的诸多缺陷与问题。但从最根本上来说，房价地价泡沫化现象是一个金融现象。

房地产价格暴涨现象大范围产生的主要逻辑链条是：

首先，中国长期信贷配给的倾斜和利率管制导致货币过度增发，进而产生流动性泛滥；

其次，在信贷管控、利率非市场化、债务型融资模式主导的金融体系下，中国长期高速增长积累起来的信贷资金来源缺乏有效出口而保底预期回报率要求低；

第三，宏观经济下行时期产能过剩严重的国企吸纳不了信贷资金、利率低迷、全球经济不景气以及股市重挫共同加剧了资产荒，导致积压的信贷资金更加饥不择食；

第四，房地产的金融属性导致其自身就是货币的创造者和信用的发动机，而且具有自我放大功能。越是高房价越是容易贷款，越容易上杠杆，高房价诱导按揭贷款激增，进一步加大流动性泛滥和信用扩张，推高资产荒；

第五，长期以来房地产政策缺乏定力和稳定性，地方政府对土地财政的依赖度，让市场认定政府一定会对房地产市场进行托底，加剧了房企的赌性；

第六，近年来快速推进的房地产金融创新大大增加了房企高价拿地的可能性，但由于金融创新的不完全也加大了金融系统的脆弱性；

第七，房地产市场自身的诸多市场失灵，从内部刺激了房企高价拿地以炒作房价的动力；

第八，公司治理结构中委托代理关系蕴含的道德风险，让房企更容易尝试高风险高收益拿地。

三、房地产泡沫化风险评估及治理策略

（一）房地产泡沫化现象的风险评估

如果说长期来看中国大城市房价有持续稳健上涨的潜力，大家还都可以认同，但问题是深圳、上海在 2015—2016 年的房价增长斜率是非常陡峭的。我们看到 2014 年之后深圳、2015 年之后上海、2016 年之后北京，房价增长率突然攀升，超过历史上所有时期。深圳在 2 年内房价翻了一倍多，上海也在一年多内涨了 50%—80%，这个涨幅即使在这些城市的历史上也是空前的。二线城市，合肥、南京、厦门、杭州、武汉、成都等，也都出现暴涨，都是前所未有的暴涨。市场上也有一种说法，说不要看这半年、一年涨得很多，放三四年平滑一下好像不那么多。但是哪怕平滑到三四年，这个增长率也是非常惊人的。而且反过来说，房价突然飙升，也代表未来三四年或更长时间的增长空间都透支掉了。资产价格一旦上去，就不能停下来，不能等着和保持停滞，如果没有继续增长的空间，资金一定会套现离场。

地价和房价飙升，房地产泡沫化，可宏观经济还在继续下行。如果宏观经济触底了，房地产市场开始暴涨，可能还容易理解，但宏观经济现在还没有触底的，就发生房地产市场暴涨，这风险就更加高了。这段时间内银行贷款根本没有都进入到实体经济，特别突出的是，2016 年 7—10 月份，银行贷款几乎全部是进入居民部门也就是住房按揭贷款的，实体经济贷款几乎为零，可见房地产泡沫化对实体经济有很强的挤出效应。有人认为房地产有很强的拉动效应，可地价暴涨、房价暴涨，房地产投资并没有增加多少，2016 年全年房地产投资增速也只有 6.88%，而且还主要是来

自保障房投资大幅增加的贡献,真正的市场化商品房投资增加并不多,可见房地产市场热潮并没有产生太多实质的产业拉动效应。

这轮房价暴涨,主要是二手房先带动起来的房价上涨,只是财富再分配的游戏,没有带动财富增长。所以即使假设经济复苏在即,可地价和房价在经济复苏之前就提前暴涨,一方面很可能严重打压了经济复苏的可能性,房地产把信贷的血都吸走了,使实体经济复苏受阻,另一方面即使经济复苏了也会十分乏力,很难正好达到房地产投资炒作的预期,如果没有意外好消息,那投机炒作出来的房价就非常危险了。这样,经济复苏,反而可能是房价掉头往下的时候了。投机资金会在那时候高位套现,出逃到股市、汇市或其他资产池里去。所以当前高价还去接盘楼市的人和企业面临的风险非常高。

(二) 房价泡沫化现象的根本治理

在以上分析基础上,笔者提出,房价地价暴涨和房价泡沫化现象对房地产市场健康、金融体系安全和宏观经济稳定都有很强的破坏性,它绑架了银行、绑架了金融、绑架了政府,需要高度重视和警惕。但房价地价泡沫化现象本身又是宏观经济、金融体系、土地制度、房地产政策、房企公司治理多方面内在缺陷问题的产物,对房价地价泡沫化现象要取得根本性治理,就需要从经济发展模式、投融资模式、土地供应模式、房地产市场治理模式、住房政策价值导向等多个角度入手,进行系统性治理。

但考虑到房价地价泡沫化现象根本上还是金融现象,所以最关键的几条包括:加快金融体系市场化改革,减少信贷配给中的政府干预,放松利率自由浮动程度;加速产业投融资模式创新,在金融创新中优先发展股权型金融创新如 REITs;在房地产政策方面要科学制定政策出发点，提高决策的科学水平和与社会民生的和谐度，一旦确定就要坚持政策定力，有效稳定市场预期，消除房企及购房者中政府会刚性托底救市的错误预期；完善土地供应机制，土地指标跟着人口走，土地供应增强对房价的反应敏感性；完善地方主体税制建设，减少地方政府对土地财政的依赖度；改革地方政府官员考核晋升机制，从根子上消除地方政府偏好高地价高房价的内在动力。

但这些都是长期任务，就当前而言，政府该如何防范又一轮房价暴涨的再次出现呢？

首先，政府要及时建立楼市预警机制，一旦楼市出现过热迹象就当立即发声，对地价房价暴涨表示密切关注，要旗帜鲜明地表明态度反对房地产市场过度炒作、警告市场泡沫在迅速积蓄和提醒市场参与者注意风险防范。

其次，政府发声的目标要明确，就是要引导市场预期改变、冷却市场情绪，言辞要坚定和具有可置信力，树立起权威性，才有意义。同时要有充足和权威的市场信息发布，消除市场信息领域房企和中介的垄断优势。否则市场就会反向操作，政府越喊房价越涨。

第三，光说不行，还要有具体措施出台。具体什么措施，限购、限贷、增加土地供应、过剩商办房屋空置转换为住宅等，都有可能，但都不是适合所有城市的药方，真正需要"一城一策"、因地制宜。这里提一个想法。中国房地产市场很大、情况很复杂，各地差异性很大，很难用一个统一的政策去治理市场。应该倒过来，中央政府明确一个考核指标体系，让各地政府自己去制定、设计和实施政策，中央政府就是到年底考核房地产政策目标完成了没有。中长期内的住房政策考核指标，具体是以房价涨幅为核心目标导向,还是住房保障为核心目标导向,可以再讨论。当前这个特殊环境下,房地产市场调控目标就应该突出房价增长率为考核目标体系的中心,比如当年房价增长率一般不能超过当地人均收入增长率的 1.5 倍。这个标准已经很低很保守。当然,地方政府会说,信贷、税收,包括土地指标,都不在地方政府那里,对房地产市场调控有心也无力,这方面需要中央政府拿出一整套方案来。包括把房地产相关税收,乃至房产税开征与否、房产税怎么开征,都交给地方。土地供应机制方面也要给地方政府松绑,给予更多的自由度。银行贷款和信贷方面虽然是全国一盘棋,但各地可以建立自己的金融风险防范机制。责权对应,权力越大,责任越大。

第四,慎重推进金融创新,有保有压。现在融资创新非常厉害,这个时候需要一些新的对策和新的思路,光提高按揭首付会误伤刚需,且可能也还远不够,需要多管齐下、综合治理。对于房地产信托基金(REITs),笔者建议仍然可以推进,因为是股权融资创新,可以有效分散风险,但对于债权融资创新包括按揭贷款证券化等要高度警惕,必要时可暂缓。尤其对中国银行间市场交易商协会 2016 年 9 月 23 日推出的信用违约互换(CDS),要谨慎运用,不能大量进入房地产信贷融资市场。当前市场信用风险已经很高,国内的保险机构和担保公司在风控和偿付能力方面尚不成熟,法律制度、信用风险计量等配套机制尚不健全,快速推出中国版 CDS 的基础不够牢固。CDS 会给市场投资者一种误导,误以为可以避免甚至是消除几乎所有的风险和损失,但 CDS 只是将市场的风险转移,甚至会指数式放大。美国次贷危机中 CDS 的推波助澜就是重要的罪魁祸首,切不能忘记这个前车之鉴。

第9章
中国的影子银行：风险、规制与政策

沈 伟

一、影子银行的定义、成因和风险

(一) 什么是影子银行？

影子银行被认为是造成 2007 年全球金融危机的主要原因之一。2007 年美国经济学家 Paul McCulley 最先提出"影子银行系统"一词。[1]由于影子银行的复杂性，理论界和实务界对影子银行的定义并无定论。

在国际上，金融稳定理事会(FSB)将"影子银行"定义为"银行体系之外，从事实体以及非实体活动的信用中介机构"。[2]国外有学者认为，"影子银行"既可以包括"杠杆化且非银行的投资导

---

[1]　Paul A. McCulley, 2007, "Teton Reflection", PIMCO Global Central Bank Focus, available at http://www.pimco.com/Documents/GCB.

[2]　普遍接受的观点是信贷中介(credit intermediation)的概念包括了到期、信贷、流动性转换(liquidity transformation)，这些中介极大地减少了与直接借贷有关的成本。Zoltan Pozsar, Tobias Adrian, Adam Ashcraft and Hayley Boesky, 2010, "Shadow Banking", available at http://ssrn.com/abstract＝1645337, 2014-4-28.

管、载体和结构形成的字母缩写组合整体"，又可以指代"从事到期、信贷和流动性转化而无法获得中央银行流动性或者公共部门信用担保的金融中介机构"。①在国内，国务院 2013 年发布的《关于加强影子银行监管有关问题的通知》将中国的影子银行界定为三类：一是不持有金融牌照而完全不受监管的信用中介机构；二是持有金融牌照但监管不足或规避监管的业务；三是不持有金融牌照，存在监管但监管不足的信用中介机构。中国学界对影子银行定义异见纷呈：部分学者认为应列举式地定义中国的影子银行②，其他学者则认为应采用 FSB 概括式定义。③

　　官方和学界在定义影子银行时界定标准宽严不一。就监管而言，扩大影子银行概念的外延有助于风险控制。广义上的影子银行不仅涵盖银行之外提供资金的载体，也包括在银行之外提供的融资服务或产品。但是过宽地定义影子银行有可能导致过度监管，扼杀金融创新。所以，如何定义影子银行不单单是一个纯学理问题，也是市场规律与政府干预的博弈难题。

　　然而，无论如何定义和确定具体的内涵，与传统银行相比，影子银行具有两个明显的特质。其一，金融"脱媒性"。无论具体形式如何，影子银行的核心特质是"脱媒"性，即借贷双方不再依靠银行贷款融资，而通过特殊目的实体、货币市场、融资机构等非银行渠道获取资金。这种资金的体系外循环降低了传统商业银行的重要性，促使"它融资"逐步向"自融资"转变。其

---

　　①　［美］斯蒂文·施瓦茨：《监管影子银行系统》，张洁莹等译，沈伟译校，《交大法学》2013 年第 3 期。

　　②　巴曙松：《应从金融结构演进角度客观评估影子银行》，《经济纵横》2013 年第 4 期。

　　③　潘静、柴振国：《中国影子银行的金融监管研究——运用市场约束优化政府监管》，《现代法学》2013 年第 5 期。

二,业务表外性。[①]由于金融脱媒性的存在,影子银行的资金流动不再是传统银行业规管的资金流动,融资贷款业务不再受传统的银行监管体系控制。这两个基本特质是界定影子银行的核心标准,也是解决影子银行系统性风险,设计规制工具的切入点。

(二) 影子银行的成因

在中国,影子银行因银行业特质和银行监管体制的复杂性而生。中国影子银行体系的成因归结起来主要有以下几点:

1. 中国"投资导向型"的经济结构

扭曲的经济结构——国有企业和上市公司所占有的优势或主导地位,是中国影子银行规模扩大的深层次原因。[②]在中国,国有企业的大量投资催动了经济增长。国有企业由于其市场主导地位和低违约风险,被认为是优质借款人,可以较低借款利率从商业银行获得大量资金。而中小型企业,只享有银行30%的融资份额,且贷款标准更为严格。中小企业只能依靠非正式的贷款市场获得较高利率的融资。此外,私营借贷者在准备文件和审批流程中,还需付出大量的交易成本。由此,借款人最后承受了比严格监管的贷款利率高7%或者8%的利率。这类借款进一步挤压了私营企业的生存空间,却加强了国有企业的市场支配地位。

---

① 银监会2011年颁布的《商业银行表外业务风险管理指引》第2条规定:"表外业务是指商业银行从事的,按照现行的会计准则不计入资产负债表内,不形成现实资产负债,但有可能引起损益变动的业务,包括担保类、部分承诺类两种类型的业务。"

② 中国国有企业在市场上的垄断或优势地位可以由中国大型国企的收益得到印证。中石油或中国移动在过去十年间的获利翻了十倍,是国家经济增长率的两倍。可参见"China's Leadership—Appearance and Reality", *Financial Times*, November 2012, 16(online)。国有企业在市场上拥有优势地位的同时,民企通过营销和技术革新增加它们在市场上的份额。Millward Brown的研究表明,私企的品牌价值比国企的品牌价值增加得更快。在50个大陆品牌中,非国企品牌的市场份额增长了27%。这个计算是基于35 000个大陆消费者、金融数据和市场信息统计而得的。Celine Sun, 2012, "Private Mainland Brands Accelerate Growth, Report Finds", *South China Morning Post*, December, 5(online).

2. 国有企业涉足影子银行业务

据报道,90%的影子贷款人为现金充裕的国有企业,且国有企业比民营企业更有能力规避严格的监管要求。大型的国有企业和上市公司利用它们充足的现金流直接贷款给其他公司。据《中国经济日报》报道,从 2010 年到 2011 年 8 月底,64 个非金融上市公司总共借出 169 亿元的贷款,超过了该时期贷款总额的 38.2%,其中 35 个给出更高的利率,甚至高出银行确定的 24.5% 的最高年利率。[①]事实上,国有企业和上市公司为了获得更高的回报,不是把现金存到银行,而是把更多资金投入到影子银行。

3. 银行业务监管疏漏

监管空白、监管套利和监管失灵是影子银行的重要成因。银行业务分散化以及银行从业人员违背职业道德等,都成为影子银行规模增长的推手。中国金融业目前实施分业经营、分业监管模式。影子银行的跨行业性、经营业务的联动性和风险的传染性改变了银行主导模式下金融监管的集中监管效果。商业银行深度参与投资银行的资产证券化与结构性投资,使资产及其运作方式游离于资产负债表之外,使规避以银行业为中心的监管网络成为可能,也给分业监管体系带来巨大压力。中国的分业监管无法控制事实上的混业经营,增大了监管成本和系统风险。

(三) 影子银行的风险

由于为非流动资产提供短期负债,影子银行存在流动性匹配失衡[②],进而可能发生挤兑。当债务到期投资者拒绝支付时,信

---

① Brooke Masters, Henny Sender and Dan McCrum, 2011, "'Shadow Banks' Move in amid Regulatory Push", *Financial Times*, September, 9:15; Henny Sender, "China Groups Fuel Shadow Banking", *Financial Times*, September, 7:18.

② Douglas W. Diamond & Philip H. Dybvig, 1983, "Bank Runs, Deposit Insurance, and Liquidity", *Journal of Political Economy*, 91(3):401—419.

用风险产生,影子银行系统容易受到影响。①影子银行具有高杠杆率,通过资产证券化它可以将其厌恶的风险传导至资本市场。②尽管这是使风险多样化的有利方式,但其负面影响会使风险进一步蔓延。

影子银行系统受到最低限度的管制③,也不受最后贷款人制度的保护。这可能导致更高的消费者保护风险。在某些资金基础上广泛使用短期负债会削弱存款保险制度、审慎监管和最后贷款人制度缺位情形下的金融市场和金融监管稳定性。鉴于多种中介机构参与到金融中介活动中,代理风险④可能会产生聚合。⑤

另外,传统银行和影子银行之间通过"交叉持股"容易引发风险。影子银行业务通过互联网与正规银行系统连接⑥,随之与抵押贷款、商业票据以及其他短期借款市场整体挂钩。传统银行通过投资金融产品,将"仓储"资产证券化、担当第三方保证人、转移资产和提供资金等一系列服务参与到由影子银行主导的信贷再

---

① Gary Gorton, 2008, "The Panic of 2007", NBER Working Paper No.14358, available at http://www.nber.org/papers/w14358.

② Ian Bell & Petrina Dawson, 2002, "Synthetic Securitization: Use of Derivative Technology for Credit Transfer", *Duke Journal of Comparative & International Law*, 12:541, 550.

③ Morgan Ricks, 2011, "Regulating Money Creation After the Crisis", *Harvard Business Law Review*, 1:75, 87.

④ 在典型的公司法背景下,股东和董事之间存在着代理关系。作为代理人,董事不会像股东那样为股东的利益最大化行事。Michael C. Jensen & William H. Meckling, 1976, "Theory of the Firm: Managerial Behavior, Agency Costs, and Ownership Structure", *Journal of Financial Economics*, 3:305—360.

⑤ Tobias Adrian, Adam B. Ashcraft & Nicola Cetorelli, 2013, "Shadow Bank Monitoring", FRBNY Staff Report: 638.

⑥ Adair Turner, 2012, "Shadow Banking and Financial Instability: Lord Turner Speech to the CASS Business School", available at http://www.fsa.gov.uk/static/pubs/speeches/0314-at.pdf.

中介化链条中。这种相互关联产生了溢出效应。传统银行业的任何震动都可能传导至影子银行业，从而引发系统性风险[①]，反之亦是如此。个别银行或影子银行的失败可能会产生传染效应，并对金融市场的系统稳定性产生影响。

二、影子银行的规制

影子银行涉及不同产品、服务或金融主体，对影子银行规制的讨论必须因具体产品、服务或所涉金融主体不同而进行区分。根据国务院 107 号文对影子银行的界定，中国影子银行的典型表现形式可以分为以下几类：

（一）P2P 及其风险

P2P 网络借贷（"个人对个人平台"）是影子银行的一种[②]，它主要由私人企业提供信用中介服务。本质上，P2P 是"网络版"的民间借贷。许多企业广泛应用 P2P，主要是因为中小企业大多缺乏资金却难以从国有银行低成本融资，而在"网络"借贷市场入市门槛低、贷款难度相对较小、成本相对较低，出借方操作成本低、操作技术简单。

然而，P2P 平台蕴藏了相当的风险。首先，P2P 公司的不断扩张会涉及非法集资并可能违反银监会的规定。网络借贷平台

---

① R. Gandhi, 2014, "Danger Posed by Shadow Banking Systems to the Global Financial System——the Indian Case", available at http://www.bis.org/review/r140827b.pdf.

② 严格来讲，金融互联网和互联网金融有所区别，但未厘清。随着互联网技术的深入应用，银行创造出全新的电子渠道。传统银行的电子银行业户分流率达到了 70%。这种银行产品线上化的方式，可以称为金融互联网。与之相对，充分利用互联网技术对金融业务进行变革的金融业态，是互联网金融。由于数字化的运用，也可以将两者统称为"数字化金融"。无论如何表述，这些金融媒介的特点都是资金信息化。

一般都不是商业银行或金融机构，而是资金寄存的第三方支付平台。中国的金融管理体系只允许银行等金融机构吸收公众资金，作为网络借贷平台的电子商务公司聚集大众资金，可能一定程度上构成"非法吸收公众存款或者变相吸收公众存款"。①其次，从银行获得的资金将更容易地通过 P2P 流入地下借贷市场，加剧系统风险。据估计，仅江苏与浙江两省，至少有 3 万亿人民币的银行贷款已经转入地下借贷市场。②第三，通过 P2P 的私人贷款大量转入房地产市场以及高耗能产业，而这些行业都被中国政府严格控制，任何政府政策的变化都可能导致系统风险的增加。第四，网络借贷平台本身不是金融机构，因此不具有承担借贷风险的能力。本质上，由于网络借贷平台仅仅撮合借款人和出借人之间的借贷交易，"在借贷关系中，仅起联系、介绍作用的人，不承担保证责任"③，人人贷中间的资金流动和管理风险处于真空状态。④中国信用体系不完善，P2P 平台也就担负了比国外平台更大的风险。一些网络借贷平台为了降低本金保障风险，纷纷与银行等金融机构建立资金链。

① 参见《最高人民法院关于审理非法集资刑事案件具体应用法律若干问题的解释》；《中国银监会办公厅关于人人贷有关风险提示的通知》。

② Jane Cai, 2011, "Banks Warned on Risk of Underground Lending", *South China Morning Post*, 15, September, B3.

③ 《最高人民法院关于人民法院审理借贷案件的若干意见》于 1991 年通过，距今已有 20 多年，作为网络时代远未到来时出台的司法解释，对于网络借贷这种新兴事物究竟是否还有应然意义上的参考价值，值得考虑和争论。另外，以"人人贷"为例，该网络融资平台通过风险备用金账户、信用认证、机构担保等一系列措施降低借、贷风险，对于其意义和功能，恐怕无法将其简单视为"撮合借款人和出借人之间的借贷交易""仅起联系、介绍作用"，同时其风险备用金账户的设立，也表明其具有一定的"承担风险能力"。

④ 《合同法》第 425 条中关于居间人损害赔偿责任的认定仅仅限于"故意隐瞒与订立合同有关的重要事实或者提供虚假情况"。此外，这个真空状态的形成还有部分是因为我国缺少个人信用体系，网络信用平台无法进入银行征信系统。

银监会已经就 P2P 平台所蕴藏的风险发出了警告。银监会要求银行业金融机构"建立与人人贷中介公司之间的'防火墙'……"①,采取更加谨慎的措施加强内部管控,通过"防火墙"的设计使自己绝缘于 P2P 公司。"防火墙"制度旨在切断不良贷款流入传统银行系统的渠道——借款人往往是在地下市场无法偿还贷款的情况下,转而向传统银行筹借贷款以偿还债务。通过这些措施,银监会正试图通过消灭灰色市场以打击中间借贷。

(二) 理财产品及其风险

正规银行系统以外的信贷大量涌入理财工具市场而不是投资于银行存款,因为前者可以提供更高的利率。②投资到理财产品的大量资金流入到影子银行体系内,引起了监管者的关注。

理财产品内在风险的起因之一是金融机构和个人投资者之间存在的严重的信息不对称。信息不对称导致市场失灵,金融市场出现"劣币驱逐良币"的"逆向选择"现象③,最终影响金融消费者的权益。对个人和机构投资者不加区分和对金融消费者保护不力又造成金融市场的萎缩和民间金融市场的混乱。由于理财产品的特殊性和购买者作为金融消费者的特殊性,金融监管的路径应当将存款人和投保人等传统金融消费者同投资者加以区别,并予以针对性的保护,避免投资经验参差不齐的金融消费者的不理性行为对金融市场秩序造成破坏。

---

① 参见《中国银监会办公厅关于人人贷有关风险提示的通知》。

② Simon Rabinovitch, 2013, "China's Forex Reserves Reach ＄3.4tn", *Financial Times*, April, 11(online).

③ [美]罗伯特·S.平狄克、丹尼尔·L.鲁宾费尔德:《微观经济学》(第六版),王世磊等译,中国人民大学出版社 2006 年版,第 616 页。

另一方面,银行提供高于存款基准利率①的理财产品吸引了众多投资者,获得更多资金,并通过安排交易得到部分酬金。广受欢迎的表外理财产品可能会侵蚀传统中国银行的利润支柱。这种改变带来的危险是更多的资金离开"正常"的金融监管系统。更重要的是,这些产品通过杠杆作用增加了金融系统内部隐藏的风险,最终可能引发金融危机。因为,如果投资者拒绝接受这些理财产品的固有风险,则银行可能不得不介入并承担所有的损失和风险,投资者的风险最终会转嫁到银行的头上。

大多数理财产品缺少有价值的资产或担保人的支持,因此具有较高的风险,甚至具有赌博性,最终可能引起系统性风险。70%左右的理财产品与股票和货币市场绑定,通过销售这些产品所获得资金可能投资到从信托贷款到信用证期限不匹配的非流动性资产,甚至可能被用来支付其他到期产品。这种拆东墙补西墙的做法相当危险——由银行提供的主要担保产品必须依靠银行的资产负债表②,这意味着银行要负责其担保的流通中大约15%的产品。当理财产品泡沫破灭,银行将被期望承担损失并向投资者支付本利。然而,银行无法帮助所有的产品摆脱困境。理财产品作为金融衍生品,大部分是通过募集方式进行资金筹集和管理的,一家商业银行理财产品出现危机会引起系统性风险。

(三) 民间金融和"跑路危机"

由于从国有银行融资难,且政府对于民间借贷的管控较为宽

---

① 低利率未必增加信贷的供给。抗风险和资本高回报会鼓励银行把贷款用在购买政府债券或房地产市场。美国的情况正是如此,银行持有更多的现金和政府债券,而不是商业和工业贷款的未偿还部分。

② 现实情况是,许多资产和责任是在表外的。错误的披露制度加剧了这样的情况。

松,私营企业多借助于影子银行进行融资。然而,在温州地下银行系统中的系统性风险已经变成了所谓的"跑路"债务危机,原因是借款人无法偿还贷款或者地下钱庄经营者无法返还储户存款。这次债务危机凸显了私营经济部门金融的脆弱性和在整个国家中未被良好监管的金融系统的不稳定性。

民间金融的合法性一直存在疑问。主要是因为法律对此既没有提供足够的规范和保护,也不以契约自由原则对此类商事行为加以保护。《中国人民银行关于取缔地下钱庄及打击高利贷行为的通知》规定,民间个人借贷由借贷双方协商确定,但双方协商的利率不得超过中国人民银行公布的金融机构同期、同档次贷款利率(不含浮动)的 4 倍。央行 2004 年的《关于调整金融机构存、贷款利率的通知》[银发(2004)251 号]规定,自 2004 年 10 月 29 日开始,金融机构贷款利率(城乡信用社除外)不再设定上限。这些规定基本上是以商事法或合同法调控为主。这两个规定透露的基本信息是,民间融资并非全然无效。法院认定的只是高利贷违法,不会保护债权人的一部分利息收益。

法院对民间借贷合同被认定无效之后的本金利息处理也不尽相同。最高人民法院文件①表明,一旦企业间借贷合同被判无效之后,除本金可以返还外,对贷款方已经取得或者约定取得的利息将予收缴,对借款方则处以相当于银行贷款利息的罚款。不过有些地方法院不再对利息予以收缴,而是要求借款方支付利息。

---

① 《关于企业相互借贷的合同出借方尚未取得约定利息人民法院应当如何裁决问题的解答》[法复(1996)2 号];最高人民法院《关于对企业借贷合同借款方预期不归还借款的应如何处理问题的批复》[法复(1996)15 号]。

三、规制影子银行的政策取向

(一) 渐进解决资产负债表外业务的系统性风险问题

在中国,影子银行系统发挥了至关重要的作用,不仅让资金饥渴的私营部门能够债务融资,也让贷款者能够赚取高于传统银行存款的利息。因此,现实情况是,对可能从传统银行流向影子银行的资金,监管者采取了有所区别的宽松立场,监管策略只集中在审查银行分支机构出售的第三方产品来加强对影子银行的监管,要求银行披露更多的资产负债表以外的项目信息。政府没有采取雷霆手段,而是渐进引导,以此凸显影子银行体系的正面效应。

之所以要渐进式解决资产负债表外业务问题,主要原因有二。首先,表外业务发展迅速,规模庞大,如果对表外业务的治理过于强调速度和力度,可能对金融市场造成巨大冲击。其次,投资者风险意识的培养尚需时日。大众投资者并无太强的风险意识,不了解本市场的本质在于"风险定价",坚信所谓的"刚性兑付"。由于投资者的风险教育并不能一蹴而就,过激地解决表外业务,势必会对投资者根深蒂固的"刚性兑付"观念造成冲击,影响社会稳定。

解决系统性风险的一个途径是去除影子银行产品或服务与传统银行业务的相互关联性和彼此渗透性。"风险隔离"条款①就是切断风险关联性的规制设计,如银行理财业务与信贷业务分

---

① 参见 2014 年 7 月 11 日银监会《关于完善银行理财业务组织管理体系有关事项的通知》。

离；银行自营业务与代客业务分离等。如果这些风险隔离要求落实到位，理财产品的系统性风险就可能得到有效控制。

（二）适度承认民间借贷的合法性

对于民间借贷的合法性问题，政府和法院的思维定式是"借贷属于金融业务，因此非金融机构的企业之间不得相互借贷"。该政策取向的考量是"企业间的借贷活动，不仅不能繁荣中国的市场经济，相反会扰乱正常的金融秩序。……是违反国家法律和政策的，应认定无效。"[①]

以上结论值得商榷。银行活动的核心是吸收公众存款，因为只有存款业务会涉及社会公共利益。民间借贷在大多数情况下只是闲散资金流动，不构成狭义的"经营金融业务"，没有理由受到类似于银行业务的金融监管。部分影子银行业务不具有商业银行的信贷、信用和货币创造功能，只涉及存量货币的所有权或使用权变动。尽管这些活动具有一定的风险，并在某种情况下也可能蔓延和扩展，但是适用于商业银行的监管不能不加区分地完全适用于影子银行。

以维护金融秩序为出发点对影子银行实行全面监管，反映了以保护商业银行既得利益为主轴，对银行和其他市场主体实行差别待遇的思路。然而，国家经济宏观调控和经济秩序治理对私人商业活动仅仅具有指导意义，不能全然否定后者的合法性。事实上，一定数量和规模的银行业务（包括影子银行）的兴起能够繁荣金融市场和国家经济。另一方面，影子银行系统带来的危害迫使中国政府通过改革借贷系统来提供更多的贷款，从而创造出能管制的债券和其他金融产品。例如，中国政府开始通过限制地方政

[①] 参见中国人民银行《关于对企业借贷问题的答复》。

府获取金融资源的方式来管控影子银行。[1]另外，中国人民银行开始实施有差别的存款准备金率[2]，鼓励小银行在向脆弱的中小企业贷款方面发挥更大的作用。[3]降低私营企业从正规银行系统获得融资的成本可以减少形成影子银行的动因，客观上减少影子银行存在和发展的必要性。这可以是监管者开发监管工具的思路。

(三) 培育并健全公司债券市场

培育有活力的公司债券市场对于避免银行系统性风险来说至关重要。与影子银行相比，债券市场具有更高的透明度，一定程度上能解决信息失灵问题。政府努力加强证券融资市场的基础设施建设可以降低发行成本，吸引更多的投资者。针对日益膨胀的地方债，允许一些省市发行地方债券是一种可行的救济手段。地方债的发行会改变地方政府的债务结构，地方政府可减少直接从银行举债，而投向公开的债券市场。

监管部门需要考量依赖债券市场作为治理方式的有效性问题。首先，遏制地方债的道德风险，将政府担保体现在公共部门的资产负债表上是比较有效果的财政机制，有助于识别真实的金融风险。其次，财政机制要立法化，以法律形式规定地方政府债务的规模和资金用途，聚焦于资本性项目而非经常性项目。立法需要明确，中央政府对于地方债不承担责任，在市场上建立政府

[1]　Simon Rabinovitch, 2013, "Surge in Chinese Credit Raises Fears", *Financial Times*, February, 8(online).

[2]　存款准备金率的最近一次调整是2012年5月18日。调整后大中型金融机构的存款准备金率是20%，中小型金融机构的存款准备金率是16.5%。此次调整存款准备金率的原因是为了稳定经济、补充流动性。

[3]　Kwong Man-ki, 2012, "PBOC Sets Loan Reserve Ratios for Small Banks", November, 3(online).

不救市托底的预期，打破债券市场对隐性担保的预期，使得地方债市场的定价能够比较准确地反映地方债务的风险。再者，还需要引进"守门人"，比如信用评级机构，对地方债提供可信的评级。最后，中央政府应该考虑对地方下放一些自主的税权，完善一般性转移支付公式。构建地方资产负债表的过程也是完善依法行政和依法治国的过程。在提高财政与政府施政的透明度的同时，可以有利于民众对地方财政的参与，并发挥地方人大在预算过程中的监督作用。扩大民间投资渠道可以疏导民间资本流动，抑制影子银行的趋利功能。

（四）构建包容民间资金的金融体系

国内的融资环境正在发生改变，商业活动更多地从资本市场筹措资金而更少地依赖银行贷款。该转变所提供的监管路径是向民间资金开放正规金融体系，使得民间资本"正规化"或"合法化"，以便使得这部分资金接受金融规管的治理约束。因此，这个路径是对影子银行"去影子化"。但是，对影子银行或民间融资活动进行监管又变相地干预了一些没有危害性的商事活动，国家公权力和司法权可能会不当介入。因此，对此类融资活动的监管应当有限度，而不是过度监管，增加交易方的交易成本。另外，合同救济以及当事人意思自治仍然应该在大多数的情况下得到保护。此外，对影子银行监管可以依赖市场和自律，通过"市场守门人"等社会中介进行，尊重意思自治，鼓励金融创新也是改进监管的方式。

构建包容的民间金融体系需坚持"负面清单"的治理模式，只要不触碰政策和禁止性法律的红线，不存在诱发系统性风险的可能，那些处于灰色地带的金融现象与行为并不需要强力监管。例如《国务院办公厅关于金融服务"三农"发展的若干意见》（国办发

〔2014〕17 号）第 34 条规定：“地方人民政府要按照监管规则和要求，切实担负起对小额贷款公司、担保公司、典当行、农村资金互助合作组织的监管责任，层层落实突发金融风险事件处置的组织职责，制定完善风险应对预案，守住底线。”构建包容民间金融体系的终极目的是利用市场力量解决外部性问题，将原来监管失灵的外部性问题转换为市场内部性问题，避免监管机构的责任缺失。

（五）有效处理中小企业融资困境

中小型企业在竞争激烈且有破坏性的经济中挣扎，得不到国有银行的融资支持。商业银行更倾向于借贷给国有企业，导致中国的中小企业在创业之初和扩张之时面临严重的融资问题。为支持中小企业，这些企业可以适用 5％的不良贷款率。该实验措施有效地将地下借贷市场合法化，使之更加透明公开。影子银行合法化可以将更多的市场力量引入到中国金融领域。如此，为竞争存款，国有银行需要牺牲掉效率不高的国有企业客户，以市场为导向收取贷款利息，将钱贷给更多民间机构，进而有利于平衡中国的经济增长。在经济增速放缓的背景下，为应对经济下行风险，中国政府采取私人投资者优先政策。由于中央和地方政府都没有更大的融资能力投资建设基础设施和发展经济，民间力量被视为促进国民经济增长的新引擎。①

减少国有企业在金融领域的特殊优势地位可以加速形成更加公平的市场竞争格局，加速市场机制的形成。面对失控的债务

---

① 2010 年 5 月 13 日，国务院出台《关于鼓励和引导民间投资健康发展的若干意见》，对拓展民间投资的领域和范围做出了详细的规定。随后 17 个部委颁布部门规章，向民间投资者开放银行、能源、医疗和基础设施等领域，而在以前国家是严格限制民间投资者进入这些领域的。

危机,监管部门应该对中小企业的不良贷款采取更加宽容的态度。①政府动用 50 亿元应急资金帮助温州急需资金的中小企业就是这种思路的具体化。②浙江省已经采取实质性举措来放宽对小额贷款公司的限制,鼓励向资金紧缺的小公司贷款,从而帮助他们在更健康的金融系统里正常运转。

(六) 鼓励地方性"治疗"措施和试验

影子银行的多元化形态决定了统一的规范化、正规化和合法化规制路径不是最优选项。影子银行的多样性和风险的差异性要求且能够激发更为活跃的法域竞争和地方性试验。地方性试验的核心应该强调制度优化,引入更多市场机制优化金融资源配置,改变过度依赖禁止、限制、打击等命令控制型的法律治理模式。③地方性试验具有很强的地方性特点,更加具有针对性。地方性试验也有利于促进金融自由化,形成"溢出"效应,尽可能为区外影子银行的治理提供可推广可复制的经验。

温州率先建设金融特区,探寻民间融资合法化的具体路径。2013 年 11 月 22 日颁布的《温州市民间融资管理条例》是中国首部专门规范民间金融的地方性法规。④其首次通过立法确认企业因生产经营需要,可以以非公开方式向合格投资者进行定向债务

---

① Simon Rabinovitch, 2012, "Chinese Banks Face Scrutiny Over Profits", *Financial Times*, October, 31(online).

② 2011 年 10 月 4 日,温家宝总理在温州调研的时候就曾强烈呼吁要对困难企业进行资金扶持。Jane Cai, 2011, "Bad Loan Rate Adds to Woes in Wenzhou", South China Morning Post, November, 5; B3.

③ 岳彩申:《民间借贷的激励性法律规制》,《中国社会科学》2013 年第 10 期。

④ 《条例》第二章较为全面地规定了民间融资服务主体的准入制度,比如实缴资本制度(第 6 条)、注册备案制度(第 7 条)等。第三章主要对民间借贷做了规定,内容涉及利息的计算与收取、大额借款备案制、贷款合同变更备案制、贷款合同公证制、借款人信用等级评级等方面。第四章对"定向债券融资和定向集合资金"进行了规定。

融资,民间金融管理企业可以以非公开方式向合格投资者募集定向集合资金。温州的实验将帮助中国快速地将私人借贷合法化。

四、结语

在以市场为基础的金融系统里,影子银行提高了信用和资产流动性,是正规银行业的重要补充。但是,由于缺少来自央行的流动资金和公共信用担保,影子银行比正规银行更加脆弱。中国的影子银行还处于初级阶段,仅以相对比较简单的形式存在,尚未嵌入到长长的金融中介链条中去。中国影子银行体系依赖的是私人集资。但是由于集资的来源是普通居民,所以对影子银行的规制调控势必会影响到大量的私人出资者。另外,中国的影子银行不提供额外利率较低的贷款给家庭和公司,而是提供利率更高的贷款。考虑到私人企业急需投资资金,中国的影子银行成熟度和信用的变化也会对住宅和商业地产市场的资产泡沫产生深远的影响。

影子银行的复杂性对金融结构、市场机理和制度规范提出了深刻的挑战和更高层次的要求。在中国的国情下采取监管调整的举措需要更周全的考虑。首先,私营企业融资很难完全脱离影子银行。考虑到私人企业在中国推动经济发展的重要作用,政府需要对影子银行有序规范化,而不应完全遏制其发展。其次,由于社会稳定是中国监管语境中的重要问题,所以监管部门不能采取过于严格的监管举措而迫使私人投资者破产。由于影子银行具有系统性风险,其风险会传输到传统银行,因而对影子银行的适度规制是必要的。

金融发展需要良好的法制环境和监管体系。影子银行的发展规律、属性、风险需要有针对性的治理和规制方案。除了具有概括性和预测性的法律之外，可以按照影子银行具体类型、功能和风险的不同实行更审慎的功能监管。同时，影子银行的表外业务表内化是监管部门的规制重心。①金融监管部门应把对影子银行的调控和金融业改革结合起来，构建网状金融监管体系，削弱银行在融资渠道中的主导地位，鼓励民间资本参与金融机构重组②，将利率自由化和开放证券等资本市场纳入有选择性的中期改革规划，最终重塑中国金融市场及其监管形态。法院在进行金融司法审判时，可以适度控制裁判民间融资活动的刑事法边界③；有步骤地调整和修改遏制和惩戒民间金融活动的司法解释；在严守法教义学适用法条解决金融纠纷的同时，克制和有所选择地推进行政部门制定的公共政策④；对民间金融活动逐步采取鼓励性的司法取向。对立法机关而言，对包括《证券法》在内的重要金融法进行适度修改并且制定和通过《期货法》等金融法是对快速发展和转型的金融市场进行的针对性回应，可以事先规范

---

① 银监会于 2013 年 3 月 25 日下发的《关于规范商业银行理财业务投资运作有关问题的通知》要求商业银行应合理控制理财资金投资非标准化债权资产的总额，理财资金投资非标准化债权资产的余额在任何时点均以理财产品余额的 35％与商业银行上一年度审计报告披露总资产的 4％之间孰低者为上限。这些规定的目的是为了通过减少和收缩理财产品可投资的资产范围以限制影子银行涉足于这些投资领域，同时牵制银行假借理财产品的名义挪动表外信贷。该规定可以限制未来资金进入影子银行系统，并迫使表外资金投入低风险的投资，从而减缓影子银行的增长。超过这个限制的银行可能不得不出售这些资产，或将这些产品计入资产负债表，或以理财产品为基础发行更多的流动资产。

② 国务院 2013 年《关于金融支持经济结构调整和转型升级的指导意见》。

③ 张东平、张宁：《民间融资的立法规制梯度及刑事法边界——以类型化的融资风险等级划分为依托》，《政治与法律》2014 年第 4 期。

④ 最高人民法院 2008 年《为维护国家金融安全和经济全面协调可持续发展提供司法保障和法律服务的若干意见》，2009 年《关于应对国际金融危机做好当前执行工作的若干意见》。

金融活动,并抑制金融市场和交易的系统性风险。同时,地方立法机关的立法活动可以进行有效的立法创新,面向地方性问题进行立法规制,激发地方金融活力。有效的地方性立法和司法试验会起到信号和示范作用,进而优化更大范围的金融监管和规制体系。

第 10 章
防范和化解供给侧结构性改革中的金融风险

一、近期我国金融系统性风险下降且总体可控,但股份制银行等相关机构的风险值得重点关注

第一,我国金融系统性风险总体可控且近期呈现下降趋势。根据目前国际流行方法(条件风险价值 CoVaR;边际期望损失 MES;系统性风险 SRISK)计算的金融系统性风险综合指标结果显示[1],2016 年下半年以来,我国整体系统性金融风险水平呈下降趋势,且波动较小,处于历史同期正常水平。中资全国性大型商业银行、保险和证券公司等金融机构的系统性金融风险水平已趋于平稳。这表明,我国当前整体系统性金融风险相较于 2015

---

[1]　本报告收集了 2007 年 6 月至 2017 年 5 月我国 214 家金融、房地产上市公司(其中金融行业 72 家,房地产行业 142 家)的股票收益率数据,分别采用国际最近发展起来的条件风险价值(CoVaR)、边际期望损失(MES)、系统性风险法(SRISK)等三种衡量系统性风险的方法计算我国金融领域系统性风险,并采用主成分分析法在三种方法得到的指标基础上,计算得到综合的系统性金融风险指标。

年下半年已显著减弱，已保持在相对稳定状态（图 10.1）。

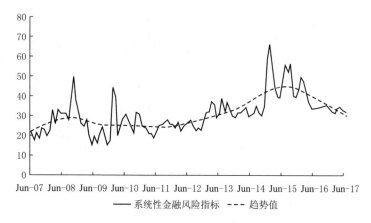

图 10.1　我国金融系统性风险及趋势：2007.6—2017.6

注：趋势值是对系统性风险指标进行 HP 滤波后得到的趋势值。
资料来源：WIND 数据库。

　　第二，2008 年金融危机后，国内外因素影响下我国金融系统性风险呈上升趋势，并于 2015 年达到峰值。受美国金融危机影响，我国金融系统风险在 2008 年达到峰值。2009 年后我国推出大规模刺激计划，短期内避免了经济增速下滑，扭转了投资下降和市场预期，宏观金融风险开始下降并在 2009—2012 年保持了相对稳定。刺激政策的积极效果释放后，其成本在经济下行期开始显露，民营企业融资难而国企资产负债率不断提高，"僵尸企业"的存在导致不良贷款逐步上升，并已成为整个经济系统性风险的重要来源。金融监管的缺位促使各种融资平台和影子银行发展，杠杆率快速上升，导致 2015 年以股价为代表的资产价格出现了较大波动。外部经济条件和美国货币政策变化客观上提高了我国汇率的波动率。金融监管政策服务于甚至被用作宏观经济政策，导致监管成本不断增加，监管有效性不断下降。经济金融风险上升，并在 2015 年接近之前的峰值。

第三，2016 年下半年以来，我国宏观经济企稳回升及金融监管力度加强，降低了近期金融领域系统性风险。2017 年以来，整体经济运行延续 2016 年下半年以来的稳中向好的态势，实体经济企稳回升现象明显，如发达经济体复苏导致我国出口明显加速，三四线城市限购和涨价说明我国房地产去库存接近完成，生产者价格指数由负转正表明产能过剩明显改善，基础设施投资同比增长上升、中国制造业采购经理指数（PMI），信贷和社会融资需求企稳回升，经济增速已由 2016 年一季度的 6.7％回升至 2017 年二季度的 6.9％。

第四，商业银行加强风险管理构成了系统性金融风险下降的重要因素，然而股份制银行近期风险上升值得重点关注。2016 年初至今，我国商业银行逐步加强风险管理，严控高风险业务，尤其是加强对表外业务的检查、审计和风险管控。这一举措有效地减弱了系统性金融风险的威胁。企业利润增长缓解了商业银行不良率。2017 年第二季度我国商业银行不良贷款和关注类贷款占比为 5.38％，比 2016 年第一季度下降了 38 个基点。与去年同期相比，中资全国性大型银行（工行、建行、中行、农行和交行）的系统性金融风险已显著下降，且基本企稳。然而，与去年同期比，2017 年 1—5 月份，民生银行、浦发银行、光大银行、华夏银行、兴业银行、中信银行、平安银行等金融机构系统性风险指标呈上升趋势，比去年同期分别上升 48.5％、36.1％、20.1％、12.2％、8.3％、4.3％和 3.4％。

二、供给侧结构性改革中我国面临的主要金融风险

2008 年全球金融危机以来，我国国内金融市场出现较多新

变化，如：信贷扩张导致资产价格波动；影子银行交易规模迅速增长；互联网金融兴起；银行、证券和保险间跨行业销售产品甚至投资现象越来越普遍等。这些新变化在增加金融交易便利度和多样性的同时，由于金融活动的趋利性也导致监管套利增多，金融体系杠杆上升，金融风险增加。

（一）信贷快速增长导致杠杆率快速上升，并将推高房价等资产价格泡沫

目前，国际机构常用的衡量金融体系风险的指标是国际清算银行（BIS）的缺口指标，即在 IMF 信贷与 GDP 比例指标的基础上稍作调整，衡量信贷与 GDP 比率与其长期趋势的偏离度。BIS 将 10% 作为信贷与 GDP 缺口指标的预警线，发现能成功预测 20 世纪 70 年代以来 60% 以上的银行业危机。

按照该指标，我国金融业已经进入高风险区。基于广义的信贷概念，我国社会债务水平（非金融部门）在 2006 年第一季度至 2017 年第一季度由 146% 跃升至 257.8%，显著高于新兴市场经济体 189% 的债务水平。2017 年一季度信贷与 GDP 比例的缺口指标为 22.1%，显著高于 10% 的预警指标。受美国金融危机影响，我国缺口指标在 2009 年二季度突破 10%，2011 年缺口指标下降，但 2012 年后再次反弹，并持续增加至 2016 年一季度的 28.8%。值得注意的是，2016 年以来，该缺口指标逐渐下降，预示金融风险开始下降，但仍处于风险高位。信贷快速上升过程中也伴随出现了房地产等资产的价格上涨（图 10.2）。2009 年以来，我国房价上涨较快，尤其是在北京、上海、深圳等一线城市，房价收入比或房价租金比例显示了很明显的泡沫。从国际经验看，信贷的失衡以及由此引起房地产价格的泡沫风险，是当前推进供给侧结构性改革中应警惕的风险。

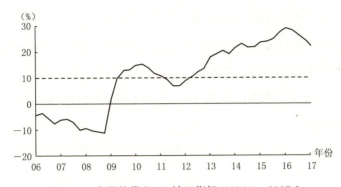

图 10.2　中国信贷/GDP 缺口指标：2006.1—2007.3

数据来源：国际清算银行。

（二）影子银行增速放缓但东北等国有工业集中和资源衰退地区影子银行集中度提高

定向资管计划和信托受益权（通常被视为影子银行）最初旨在提高资金使用效率，但实践中多数产品通过影子银行进行监管套利，导致不同银行之间存在潜在传染风险。根据瑞银的估计，截至 2016 年底，影子贷款规模同比增速放缓至 14.6%，达到 14.1 万亿元，约占 GDP 的 18.9%。影子银行总规模中，五大行（工、建、中、农、交）加上邮储银行占比较低，约 5.6%，股份制银行和农村、城市商业银行约各占 47% 左右。值得注意的是，近五年来，农村和城市商业银行的影子银行规模增长较快，由此可能出现的风险应加以重视。

影子信贷分布最集中的地区是辽宁和黑龙江，这两省影子信贷在总信贷中的占比超过了 80%。其次，河北、山西、内蒙古等省的影子信贷也比较集中，影子信贷在总信贷中占比或超过 65%。这些地区多是资源或工业衰退地区，国有企业集中的地区，产能过剩和杠杆率偏高问题较突出。在制造业地区的区域性银行中，影子贷款越来越多地用于贷款展期，且银行在开展业务时缺乏明确的风险转移，因此这些银行承担着较高的风险溢价。如果监管规则改变，要求将这些贷款资产回归贷款资产科目，那将导致坏账确认规模激增。

（三）互联网金融在提高金融服务效率的同时也呈现出新的风险特征

互联网金融的优势在于借助互联网技术以较低的成本收集可靠的信息发展普惠金融，为居民、小微企业和创新型企业提供差异化服务。严格意义上说，由于互联网金融属于分散体系，发生系统性风险的概率较低。但由于金融与互联网技术相结合，可能由于移动设备存在漏洞、技术不成熟以及网络安全问题造成信息安全风险。截止 2017 年 8 月，P2P 网贷运营平台累计新增 5 923 个，而停业及问题平台数累计达到 3 858 个(图 10.3)。

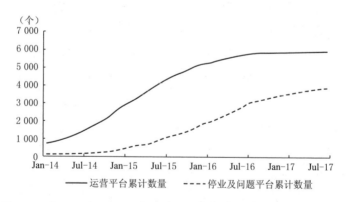

图 10.3 我国 P2P 网贷运营与停业及问题平台累计数：2014.1—2017.8
资料来源：CEIC 数据库。

互联网金融拓宽了金融交易边界和服务人群规模，具有所谓"长尾效应"，也对传统金融监管提出了诸多挑战。互联网金融服务人群的金融知识、风险识别和承担能力相对欠缺，容易遭受误导、欺诈和不公正待遇。同时,由于这些人群的投资小额而分散,互联网金融风险一旦爆发,社会外部性影响较大。互联网金融创新催生了大量新型业态和创新产品,P2P 这类创新借贷平台目前由银监会负责功能监管,地方政府金融部门负责审批监管,造成监管空白与监管套利并存。从 2007 年第一家网络贷款公司上线,直至 2016 年 8 月才出台有关网络借贷的管理暂行办法。目前累计创办运营的平台中,65%的平台要么停业要么为问题平台,较大部分平台资质不佳甚至动机不纯,尤其是"泛亚"和"e 租宝"等平台的倒闭甚至酿成全国性的事件,对投资者造成巨大损失,也导致了"劣币驱逐良币"现象。

(四) 经济下行压力下人民币贬值预期引起资本流出压力增强

金融危机后,尤其是 2012 年以来,我国经济已由高速增长转换为中高速的常态化增长。外需疲弱加上国内供给侧结构性改革的背景,短期内我国经济下行压力仍存在,甚至较为显著。2015 年"8·11"汇改后(人民银行宣布完善人民币兑美元汇率中间价),由于美元升值,导致人民币贬值预期形成,由此引起资本外逃的担忧。短期内大规模的资本外流,不但会进一步增加货币贬值的预期,而且会引起利率和汇率不稳定,影响宏观经济政策有效性,加剧金融波动。2015—2016 两年间,以非储备性质金融账户余额+误差与遗漏账户衡量的资本外流达到 1.28 万亿美元,年均资本净流出相当于 GDP 的 6%。

针对近两年来的资本外流和外储下降,我国已开始采取如限制人民币国际支付、大规模海外收购和黄金进口等资本管制措施,并已取得积极效果。值得注意的是,近期经济中出现了一些新的变化,正在扭转人民币贬值预期。2017 年第二季度我国

GDP 增长 6.9%,经济增速已从 2016 年一季度 6.7% 的低值开始企稳回升;8 月份制造业 PMI 为 51.7,连续 13 个月保持在荣枯线上;发达国家经济复苏促进我国出口加速,季调后出口同比增速已从 2017 年 1 月由负转正;实体经济的这些积极变化及资本管制措施有效降低了资本外流的压力。

(五) 进一步推进金融领域供给侧结构性改革的几点建议

为防范和化解金融风险,提高金融支持实体经济的效果和能力,有必要尽快消除金融扭曲,增加金融有效供给,提高金融监管效率,深入推进我国金融领域供给侧结构性改革。具体建议如下:

(1) 加强对全国性中型银行和区域性金融机构的风险监测。

金融机构的系统性风险指标走向差异明显。全国性大型银行、保险和证券机构的系统性风险保持下降或趋于稳定,而民生、光大、兴业、中信、平安等全国性中型股份制银行的系统性风险则在近期内不降反升。这些机构多为金融控股公司,银行、保险、证券业务等通过信托、资管相互交叉、混业经营,导致金融杠杆上升较快。在金融去杠杆过程中,应密切关注这些机构资产的期限错配以及由此导致的流动性紧张问题。区域性金融机构尤其是产能过剩地区的金融机构对国有企业融资规模较大。去产能过程中应防止出现不良贷款集中增长。

(2) 采取相应措施降低理财产品过高收益率,降低影子银行业务风险。

理财产品收益率过高主要原因在于监管套利。从控制金融风险(如挤兑风险)和覆盖刚兑成本等角度,有必要对被消费者视为提供无风险收益的各类理财产品强化监管。如对银行提供的理财产品和对有一定规模的互联网货币基金公司实行资本监管、风险拨备或类似存款准备金的安排,通过规定限制这些产品和机构的期限错配的程度。针对"无风险"理财产品要求提供每日估值,提高收益率的透明度。这些措施会加大合规成本、减少投资者被误导可能性,降低理财产品的收益率,收缩理财业的规模,减少理财产品对存款利率的冲击,从而缓解理财产品市场对利率调控和传导的干扰,降低金融风险。

(3) 尽快消除金融体系限制金融有效供给的扭曲措施,提升金融监管有效性,通过效率提升增强金融体系防范和化解风险的能力。

应尽快减少并消除对利率、汇率、资金配置的干预,降低金融业准入门槛,鼓励和支持民营、中小型金融机构发展,创造更加公平的竞争环境;加快发展完善股权、债券等资本市场,发挥均衡价格的信息信号作用,降低有前途的创新性企业外部融资难度和成本;同时,完善存款保险制度,允许违约与破产,特别是加快处置"僵尸"企业与"僵尸"金融机构,释放旧的风险点,减少新风险的积累。同时,建议重视加强行为监管和金融消费者保护,并考虑将审慎监管与行为监管适度分离,以避免因忽视某一方面而出现监管空白,影响微观审慎监管的有效性,诱发一些系统性风险,降低金融消费者对金融市场的信心;在加强监管立法、完善宏观审慎管理、显著提升金融监管有效性的基础上,中长期内形成审慎监管和行为监管相分离的准"双峰"的金融监管框架。

第三篇
金融与监管制度改革

第 11 章
亟待深化的银行业结构性改革
——从"资产荒"和"资金荒"说起

宋志青

一、当前金融市场流动性的现状和成因

在 2016 年底前,各类财经媒体聚焦的主题都是形形色色的"资产荒"问题,各家银行、券商、信托公司等金融机构纷纷争抢优质的金融资产。但是,仿佛一夜间,2017 年以来从金融市场上屡屡传来的都是资金日益偏紧的消息,试举几个市场上的例子:

第一,自 5 月 18 日以来,一年期的 shibor 已经远高于 LPR,也就是说银行间拆借资金的价格已经高于银行持有的高评级企业的贷款利率,这可以理解为如果商业银行放贷的资金对于拆入资金的依赖性很强的话,那其存量资产已经进入亏损状态。第二,最近的一年期大城商行电子银票贴现率达到 5.6%,并且有持续向上的压力,也就是说国内资信度最高的商业银行承兑票据的贴现利率,已经相当于在同期贷款基准利率水平上升了近 30%,这是十几年以来非常罕见的。第三,城商行理财产品的发行价格

飙升，(大家可以切身体会，可以到身边的一些大的城商行咨询其理财产品的报价。)半年期非保本的理财产品收益率可以达到5％，相对半年期定期存款利率上涨256％。第四个现象，五大行(工农中建交)定期存款利率上浮普遍达到40％，部分大额结构化存单上浮50％。可以说：商业银行业乃至整个金融市场，遇到了非常紧的流动性约束。

分析这一现象，第一反应为是否源于央行货币政策偏紧？我认为这并非主因。分析一组数据：(1)期限为6个月的MLF是央行向银行间市场提供中期流动性的主要工具和渠道，自2014年4季度末的6 445亿以来，MLF发行量是稳步上升的，至2017年1季度末就已经达到创纪录的4万亿，也就是说央行为市场提供流动性是持续的。(2)同时，M2自2017年初以来也是逐月增长，预计全年的增速可以维持在2016年的水平。当然，由于央行在逐月控制货币增速，M2至3月底的增速低于GDP的增速，更没有实现邵总刚才分析的"M2-GDP"5％的正GAP(货币超发)，可能使市场阶段性地感受到压力。但是，影响M2增速的原因很多，包括货币乘数、货币流动速度等，央行主要应为基础货币负责，而6个月MLF的增速至少使我们认为：央行货币政策偏中性的总基调是成立的。

那么，当前市场逐月增强的流动性约束源自何方呢？我认为原因分为三个层次：首先，在于商业银行资产的流动性凝滞与央行2017年初开始加强对商业银行MPA(Macro Prudential Assessment)考核之间的冲突；其次，2017年初开始的银监会、证监会和保监会同步收紧的监管，压缩了商业银行流动性调整的政策空间；再次，央行又施之以偏中性的货币政策，一改前两年紧盯市场利率的积极宽松风格，推升了当前金融市场上的流动性困境。

事实上,推行 MPA 考核体系并非央行的心血来潮或庸人自扰,而是落实巴塞尔协议对商业银行在稳健经营、资本保障、逆周期管理等方面要求的一整套宏观监管体系。我认为这在当前中国的金融市场上的确尤为需要。最近我看到央行的行长助理张晓慧阐述推行 MPA 背景的报道中提到:近年来,超速加杠杆、扩张资产负债表的冲动已经从国有大银行、股份制银行逐次蔓延到全国各地的城商行、农商行,有的资产总规模超过 5 000 亿的城商行 2017 年的扩张目标甚至是 60%—70%。这种耸人听闻的目标激励在市场上的确是能切身感受到的。其实,就在 2016 年 10 月前,土地市场逐浪飙升的"地王"背后,屡见不鲜的往往是商业银行通过"通道融资"为土地竞拍提供各种形式的配资。更为夸张的是,连本带息的全杠杆融资都有商业银行敢于尝试。试想,从竞拍土地融资开始,到规划期、建设期、销售期,即使不算按揭期,一般没有五年,商业银行的资金是退不出来的,商业银行的信贷周期甚至要长于开发商的开发周期。更为严重的是,撬动这些"通道融资"的资金来源,除了自身的吸储资金外,还有可能是销售理财产品或吸收同业负债。大家可以切身体会到,银行销售的理财产品的期限集中在一年以内,三年以上的理财产品就更少了。由于存在这种期限的严重错配,信贷资金即使在安全性和盈利性方面非常好,其流动性的脆弱度也是毋庸置疑的。

2017 年初,央行推行的 MPA 考核要求商业银行把那些原本通过通道包装而表现在短期投资中的资产转入自营贷款。于是,商业银行马上面临:一要加计呆账准备金,二要加计资本占用,三要重审资产的合规性。同时,银监会牵头的对商业银行的严厉监管,大大压缩了商业银行原先的资产腾挪空间;对某些高杠杆高风险的金融工具的重点监管,比如对"同业＋委外"的限期整改,数重压力同步叠加,对商业银行流动性的考验,无疑也是巨大的。

把时间轴延长,我们可以观察到,我国商业银行的流动性问题其实由来已久。自20世纪末的一轮国家对四大行注资、成立政策性银行、商业银行改制上市以来,轻装上阵的商业银行的资产扩张基本都沿着三条主线狂奔:一是政府融资平台,二是房地产产业链,三是各类政策导向的行业。先来看曾经受政府各类政策导向青睐的信贷资产:2003年的"煤电油运"、2008年的"铁公基""新能源"、2013年的"中小微",这些行业或多或少都已成为产能过剩行业,有的甚至已被列入"去产能"和"僵尸企业"的名单中。再来看众说纷纭的房地产领域,目前,几乎在所有成规模的商业银行的各分行资产中都可以看到房地产信贷资产。而且,从行业链条来看,我国的银行业对房地产融资是覆盖全链条的,从政府的土地收储开始到房地产竞地开发建设,再到个人买房按揭,完整的信贷周期往往超过10年。如此长的信贷周期,一旦有任何价格敏感性变化,那银行信贷资产的流动性风险是非常大的。再来看政府平台融资,且不讨论地方政府债务的总规模、隐性债务、可持续性等多个问题,就以2014年以来的由财政部主导发行的地方政府债券的结果来看,至2017年3月底,三年财政部累计发行了11.4万亿地方政府债券,归还了商业银行等金融机构的相应贷款,融资成本也大幅下降,似乎极大程度地释放了商业银行的流动性。但是,深入分析,我们可以看到,地方政府债券的发行地还是银行间市场,购买债券的资金来源主要还是商业银行,而且是商业银行原先流动性最强的超额准备金。同时,由于在发行期间地方政府的多重诱导和央行货币政策的持续宽松,债券的发行不仅是固定利率而且价格普遍偏低,有的甚至还低于同期国债利率,这就把利率风险和久期风险都甩给了银行。2017年以来,随着货币政策转向中性,银行间市场的新发债券利率全面飙升,商业银行所持有的这些债券全部套牢。何(帆)老师刚才谈到的银行体系的超存款准备金到了历史底部,即是这一现象的反映。也就是说,回过头来看地方政府债券的发行,只是把地方政府债务从银行的贷款转移到中期金融投资,非但没有把商业银行从流动性困境中释放出来,反而使商业银行深陷于久期风险、收益性和流动性的双重困境中。此外,很多商业银行因归还地方政府平台融资所释放的资金又迅速投入到房地产融资中子周期最长的个人按揭业务,据人行统计,2016 年全年商业银行新增的按揭贷款超过 5 万亿元。于是,仿佛一夜间,"资产荒"顿时转变为"资金荒"。

有一个非常有趣的现象,一方面连篇累牍的评论说中国的银行业坐享高净息差赚无风险套利的钱,另一方面却是最擅长无风险套利的外资商业银行在资本和市场占比中显现出逐步退出的态势。除了市场准入、营商环境等因素,我认为外资银行对于内地信贷资产的流动性的顾忌是主要原因,他们担心今天的账面收益陷入未来的流动性风险。

二、商业银行资产流动性现状的成因分析

造成商业银行资产流动性现状的原因是多方面的,我认为最主要的还是银行对于政府信用的依赖太深,缺乏独立的、离散的、有差异的信用评价体系和信贷政策。且不说政府平台是直接建立在政府信用基础上的授信,就是表面看似市场化的房地产授

信,其实也通过政府对土地拍卖价格的管控隐含着政府信用的担保。毋庸讳言,从安全性的角度来看,经历数轮宏观调控和经济波动,房地产信贷资产的安全性是相对稳定的。市场经验已逐渐凝聚成共识:内地的土地价格是永远上涨的,由此推动着房产价格也是永远上涨的。从我国的土地供应制度来说,由于中央政府对建筑用地指标和地方政府对土地供应的双重垄断所造成的绝对寡头垄断,保证了地方政府成为房地产供求市场中唯一的供方,从而极大地加强了地方政府管控土地价格的能力,并进一步通过商业银行的融资把土地供应转化为地方政府的"第二财政"。

从商业银行的角度来看,之所以愿意大量投入房地产,其实也是对地方政府隐性担保的认可,大家都认为只要有土地在这里,政府会保证以土地价格为龙头的房地产价格的不断上升。首先,在土地储备阶段,虽然收储者有财务成本的压力,但是这些成本都可以利息资本化,可以进入到存货资产,而且通过重新评估、通过市场重置成本的抬高而实现抵押物的增值保值。其次,在开发商的建设和销售阶段,随着不断地"面粉贵过面包"式的市场倒逼,商业银行基本可以忽略完工风险、销售风险。最后,在个人按揭环节,随着"接力贷""首付贷"等加杠杆放大个人购买能力的金融产品的推出,二手房的火爆成交完美地实现了"房地产永远上涨"的预期。在有如此充分的第二还款来源保证情况下,商业银行为什么还要费尽心思分析每家企业、每个行业呢?为什么还要去承担其他行业不确定的市场风险呢?

但是,这种美丽的神话是否能永续发展呢?我认为可能已经到了临界点了:(1)内地房地产的租售比(尤其是住宅)都在 60 倍左右,尤其是在北上广深等东南沿海经济发达地区,折算成收益率基本在 1.6% 左右,比 10 年期国债收益都要低。而且 2017 年以来大城市(比如上海)的房租一直在持续走低。(2)以美联储领头的加息和"缩表"将开启一轮全球性的货币政策正常化周期,长达十余年的资产泡沫周期可能逆转为资产缩水周期。(3)可以预见的房产税改革、遗产税改革等政策的推出,对于征税成本相对较低的房产的价格冲击,都是最直接的。因此,商业银行的资产配置对房地产价格和政府的隐性担保的信仰,很可能从现在开始,在未来 3—5 年内陆续付出代价。

商业银行流动性困境的第二个原因是对各类国企的"所有制偏爱"和对监管激励的积极响应。商业银行对央企和地方国企的偏好,并不仅仅在于这些企业的实力和资信,还在于中国国情下特殊的"免责文化"。也就是说,对于各类国企的资产投放,即使未来发生了风险,在追责时常常要远轻于其他性质的企业。同时,如果授信客户所从事的行业或产业是在监管部门的各类指引名单上的,那在未来的风险责任承担上,也是可以有很多从轻从缓的余地的。于是,那些"煤电油运"等过剩产能的行业、那些步履艰难的僵尸企业,顺理成章地成为过去十余年各类信贷资金拥趸的方向。

第三,商业银行繁复的多科层结构和一级法人制的矛盾所导致的商业银行信贷资产"垒大户"冲动,也是造成商业银行资产流动性困境的原因之一。中国地域广阔经济发展程度迥异的自然条件,决定了全国性的企业必然是多科层结构的。但是,《商业银行法》规定的一级法人制却要求总行的董事长为远在县乡一级的经营机构承担无限责任。于是,银行要么选择冗长低效的决策体系,要么选择"垒大户"客户高度集中的决策体系。同时,中国的商业银行体系都追求业务的全方位发展,银行之间的业务差异性非常小,比如,我们很难从农行和工行的客户群和业务品种看出非常显著的差异。商业银行长期的追垒大户经营策略既造成了当前杠杆率整体过高的困境,也造成了银行自身资产的流动性下降。

第四,地方政府跨区域掌控金融资源的冲动推动了全国性的城商行跨地域经营热潮,激励着金融资产高速低质地扩张。第一轮全国性股份制商业银行的高速发展激励着各层次的城商行群起效仿。近十年来,在各级地方政府的支持和推动下,各类型的城商行纷纷跨省、跨地、跨市高速扩张。在我国整体产能已经过剩的大环境下,最容易扩张资产负债表的领域却往往还是过剩产业和同业领域。以东北某城商行上海分行为例,一家地级市的城商行居然能把网点开到直辖市。开业后快速扩张的压力驱使该行把大量的资产投入到"钢贸行业"等高危行业。近年来暴露出的坏账率超过60%,整个分行的班子被撤换。

第五,"大而不倒""规模安全"的经营理念在我国商业银行的盛行,加剧了商业银行的资产流动性困境。在中国金融界,至少在银行界有"1‰"的隐性共识:一家银行的总负债只要达到 M2 的 1‰就达到安全边界了。于是,商业银行规模不到 1 000 亿的,使劲往 1 000 亿冲;一旦达到了,下个目标就是 5 000 亿,再下个目标就是万亿俱乐部。面对如此高速扩张的商业银行群体,我们近年来开始建立的诸如《存款保险制度》等为金融风险兜底的制度安排,根本是杯水车薪,只能发挥为小型商业银行风险兜底的作用。

三、商业银行资产流动性现状的深层次原因分析

造成当前商业银行资产流动性困境的更深层次原因,还是政

府掌控金融资源的制度安排和由此而产生的金融市场对政府信用的依赖。政府掌控金融资源的主要途径有四个。一是资本控制：由于《商业银行法》赋予了银监会审核超过对商业银行 5％以上的入股审批权，所以在商业银行界，资本力量必须服从于政府的行政权力。二是市场准入：银监会掌握着每家法人银行、每个银行网点的审批。目前已获审批的民营银行有 17 家，其中已开业的有 9 家，并且都是单体(点)银行。而仅农行拥有的网点就近 23 000 家。三是人事(高管)审核：银监会不仅掌握着对银行的董监高的审核权，还掌握着包括支行行长任职资格在内的广泛的人事审核权力。四是监管法规的立法、释法和执法权三位一体的监管权力体系。

政府在实现了对金融资源严密掌控的同时，也必须承担起对金融风险的兜底责任。这就助长了商业银行体系对政府信用的严重依赖，并进而累积成为当前商业银行资产困境的终极原因。

四、商业银行结构性改革的设想

面对当前商业银行整体性的资产流动性困境，结构性改革已是迫在眉睫的了。改革的总体框架可以归纳为：稳杠杆、放市场、引民资、瘦规模、差异化、准混业、精监管、破刚兑、严兜底等一系列配套改革的基本要领。

第一，要通过吸收增量资本来稳住商业银行的整体杠杆率。最近央行副行长潘功胜有个讲话提出：当前首要的是稳杠杆。这个意见是非常中肯的。否则，如果现在就着手在商业银行领域发力"去杠杆"，则很可能会在市场上形成对资产的轮番"投降式抛售"，进而触发棘轮式渐进的通缩，并可能触发不可控的金融危机。如果能通过资本补充而稳定和降低商业银行的整体负债率、加强商业银行不良资产的拨备能力，则能对各微观层面的"去杠杆"提供良好的宏观基本条件。吸收增量资本的渠道主要有三大类：首先是要商业银行内部挖潜，锁定未来一段时间内（3—5 年）的利润转增股本，用于计提逆周期的坏账准备，并督促商业银行在 3 至 5 年的时间中主动核销不良资产。其次，政府也应承担部分国有企业"去产能、降库存"所带来的坏账。可以通过发行国债或地方政府债券的形式承接那些需要债转股的资产，再将这些资产通过市场化拍卖的形式转让给已有的资产管理公司。再次，可以通过新批单一制商业银行的方式，吸收增量的社会和民间资本补充存量的商业银行的资本。既然我国已开始放开新设民营银行的试点，那就可以在总结已有经验的基础上，通过放开市场来吸收民间增量资本进入银行体系。具体可以考虑：要求新设民营银行必须认购存款保险公司的资本金；由政府组织新设金融稳定基金并要求新申请民营银行购买；新批银行只能购买存量银行网点牌照，等等。

第二，向民营资本开放商业银行市场。既然想吸引民营和社会资本，就必须开放市场，要允许民营资本进入到控股地位。在已有新批 17 家试点民营银行的基础上，要进一步解放思想，允许出现一大批民营银行，成百家甚至上千家。如果这一目标能实现，假如每家新设民营银行都能吸引 20 亿以上的资本金，那整个商业银行体系就增加了 2 万亿的资本金。当然，监管层还要同步收紧甚至停止新批银行网点牌照，以进一步提升和凸显存量牌照的稀缺性，助推银行业的结构性调整。

第三，在向民营资本开放商业银行准入的同时，一定要控制新设银行的规模，督促银行的差异化经营。要借鉴美国的单一银行制度,在注册资本规模、经营区域、经营业务种类、甚至是客户集中度等方面,都要给予严格指引和规范,督促和诱导新设商业银行专注于差异化的中小客户,既能缓解饱受诟病的中小企业融资难的问题,也能丰富商业银行的结构和层次,完善我国金融生态圈。

第四,打破"刚性兑付"是商业结构性改革关键的制度保证。"风险自辨、买者自负"本是风险定价和风险经营的首要前提,也是包括商业银行在内的金融行业生存的基本前提。但是,市场现实所表现出的"大而不倒""刚性维稳"逻辑思维下的"刚性兑付"屡见不鲜,我们就"永远无法叫醒装睡的人"。而且,在我国所特有的宏观经济层面的"预算软约束"和片面追求"利率市场化"市场现实下,不断积聚膨胀的金融风险很容易向整个金融体系扩散和蔓延。事实上,我们已经可以观察到:同样是在上海市场上的村镇银行中,已上市的股份制商业银行为大股东的村镇银行在吸收存款方面的能力远超过小型城商行为大股东的村镇银行。这就是明晰的"买者自负"规则对风险经营正激励的最好证明。因此,在当前监管部门对"不当创新""监管套利"等行为的纠错过程中,一定要以打破"刚性兑付"为核心目标加以贯彻和落实,从而真正提升商业银行的风险识别、风险定价、风险化解和风险经营的核心竞争,实现金融业改革的终极目标。

第五,要继续深化对原国有商业银行的结构重组。具体来说包括四个方面:(1)经营目标和客户的再定位。从服务于"人民币国际化""一带一路"倡议的角度,要着力拓展"国际化"经营和海外业务的经营;从"数字货币""金融安全"的战略目标出发积极投入对"区块链""电子支付""人工智能"等前沿技术的研发和场景应用;从构建金融生态链的角度出发,把已有的金融同业业务深化为对中小商业银行的综合授信业务，既拓展了自身的批发业务增加拓展营收的渠道，又能在不增加央行投放基础货币的情况下增加市场的流动性。（2）经营机构和网络的再收缩。如前所述，在既有的"一级法人制"框架下，为提升自身的经营效率和管理水平，国有商业银行要从精简机构科层体系、减少经营层级、收缩经营网络三个角度对自身进行再重组，要勇于退出三四线城市和区域的细分市场，把县域市场和中小客户让给中小银行经营，更专注于国家级、省域市场和客户的经营。（3）积极主动重组自身资产，实现资产"资源化""资本化"的转变。例如：将自身蜕出的网点牌照以一定的价格交由监管部门转让给新设的中小银行以补充自有资本；利用资产证券化的机遇将自身拥有的中长期优质资产（比如按揭贷款）打包出售以资本利得补充自有资本。（4）积极主动地承担构建稳健的金融生态圈的责任。作为系统重要性银行，还应更多地承担金融稳定的责任。例如，在我国推行"存款保险制度"改革的探索中，可以根据商业银行不同的存款规模量级，设立有区别的、递进的存款保险金缴交比例，以更平衡地匹配风险管理责任、分摊金融稳定成本。

第六，要放开资本层面的混业经营，并实现更协调的监管。"混业经营"是当前国际金融发展的大趋势，我国近十年来也通过"集团化"经营和产品端的融合实现了一定程度的混业经营。但是，在此过程中也产生了一些监管套利、制度套利的不良倾向。诸如：保险公司公然通过商业银行渠道销售存续期只有 3 年的"万能险"、商业银行借助信托公司渠道为土地竞拍提供融资，等等。因此，从监管层面来看，一方面要放开金融机构在资本层面的融合，要放开银行、保险、券商在股权和资本层面的融合，允许在大集团下的多牌照经营。另一方面，在各业务边界之间要有更高的防火墙和隔离带,防止金融风险在跨界的缝隙中滋生、传染和蔓延。也就是说,在具体的业务经营中,要有更严格更鲜明的隔离和区分,要从最底层金融资产的界定、风险的属性和穿透、资本拨备义务等方面给予更严格的隔离和监管,以更好地实现优化金融结构和防范金融风险之间的平衡。

综上所述,就深化银行业的结构改革,我认为要从三个层次给予优化:

第一个层次,吸引增量资本进入银行业以优化资产质量、降低总体杠杆率和提升结构性改革的能力。除了传统的政府注资、自身盈利消化外,建议以市场准入牌照为资源、以吸收存量银行网点为手段、以新设单一银行为激励、以服务中小企业为目标,吸引更有活力、更贴近市场的增量资本来优化银行业的市场结构、客户结构,从而形成更健康的商业银行生态链。

第二个层次,要进一步推动对国有商业银行的结构性重组,从"人民币国际化"的国家战略和金融科技化、人工智能化等更高的经营目标出发,精简自身的结构和网络,主动退出县域市场、中小客户,转向科技化、批量化、批发性的业务,更多地承担构建稳健的银行业生态圈的主体责任。

第三个层次,要以更严格的"资本约束"、更科学的"存款保险制度"、更开放的"混业经营和更协调的分业监管",更完善的司法体系,打破"刚性兑付",提升金融市场对金融风险的发现、定价、分散和规避的能力,提升包括银行在内的金融业服务实体经济的能力,从而真正实现"金融稳、经济稳;金融活、经济活"的总体要求。

第 12 章
注册制改革：中国资本市场的"Big Bang"

刘胜军

过去五年，是中国资本市场不平凡的五年。

期间，我们见证了创业板的成长、股指期货的发展、资本市场规模的壮大、新三板的问世、沪港通与深港通的开放新格局，也遭遇了 2015 年股市异常波动的暴风骤雨。

五年间，通过 IPO 和再融资累计融资超过 8 万亿元，通过交易所债券市场累计融资 7 万亿元。特别值得一提的是，经过四次闯关，今年 6 月份，A 股终于被纳入明晟（MSCI）指数，体现了国际投资者对我国资本市场开放水平和监管水准的认可。

但是无论是从国际比较，还是与中国经济转型的内在需求相比，中国资本市场还存在不少短板和瓶颈，特别是在制度建设方面。不进行制度建设的突破，资本市场只能是"巨婴"。

其一，直接融资比重依然过低，导致中国企业债务负担过重。尽管中央文件一再强调大力发展直接融资，但中国直接融资占比只有 23.8％，而美国在 2000 年就达到了 78％。更令人遗憾的是，"IPO 暂停"依然没有彻底退出历史舞台，股市一跌就呼吁暂停 IPO 的魔咒不断上演。2017 年韩志国对证监会领导进行"施压"迫使其共进午餐的"戏剧性表演",即为最新的例证。

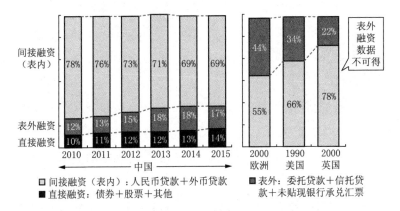

图 12.1　中国全社会融资存量仍以间接融资为主,金融资源渠道过于单一

资料来源:波士顿咨询。

其二,IPO 注册制方向虽明,推行依然艰难。2013 年举世瞩目的十八届三中全会《中共中央关于全面深化改革若干重大问题的决定》明确提出:"健全多层次资本市场体系,推进股票发行注册制改革,多渠道推动股权融资,发展并规范债券市场,提高直接融资比重。"为推动注册制改革,2015 年 4 月《证券法》修订完成一读,并被预期在 2015 年年内完成三读。遗憾的是,2015 年 6 月开始股市异常波动打断了修法进程,二读被拖延到 2017 年上半年,《证券法》本轮修订已历经三年,目前仍在进行当中。

其实,影响注册制改革的不仅是修法进程,更在于"股指情结"。周小川在担任证监会主席期间曾经明确,"证监会应该当好裁判员,不偏向不下场……拓展多层次、多元化、互补型股权融资渠道,改革股票发行制度,减少市场价格(指数)干预,从根上消除利益输送和腐败滋生土壤……"。这么多年过去了,周小川针砭的老毛病一个都没解决。

2015年12月27日，第十二届全国人民代表大会常务委员会第十八次会议审议通过《关于授权国务院在实施股票发行注册制改革中调整适用〈中华人民共和国证券法〉有关规定的决定（草案）》的议案，但鉴于股市的持续下跌，推行注册制的"最佳窗口"已经错过。

其三，监管依然是短板。在2016年刘士余履新证监会主席后，猛药去疴，重拳治乱，集中开展打击IPO欺诈发行、虚假信息披露、操纵市场等专项执法行动，取得了有目共睹的成绩。但是证券市场监管依然任重而道远：监管能否持之以恒，而非运动式执法？在姚刚、张育军落马之后，证监会如何补上"谁来监管监管者"的漏洞？面对金融混业、金融创新的新格局，如何避免监管套利、监管真空和监管扯皮？监管的短板，也成为韩志国等人反对注册制的理由。

2017年7月第五次全国金融工作会议，为资本市场的下一步改革指明了方向。会议明确提出：要把发展直接融资放在重要位置，形成融资功能完备、基础制度扎实、市场监管有效、投资者合法权益得到有效保护的多层次资本市场体系；引导金融业发展同经济社会发展相协调，促进融资便利化、降低实体经济成本、提高资源配置效率、保障风险可控；坚持市场导向，发挥市场在金融资源配置中的决定性作用；要推动经济去杠杆。要把国有企业降杠杆作为重中之重，抓好处置"僵尸企业"工作。金融管理部门要努力培育恪尽职守、敢于监管、精于监管、严格问责的监管精神，形成有风险没有及时发现就是失职、发现风险没有及时提示和处置就是渎职的严肃监管氛围。要加强对创新驱动发展、新旧动能转换、促进"双创"支撑就业等的金融支持。

可见，资本市场发展，是供给侧结构性改革的重要内容，特别是实现"去杠杆"的重要路径；是促进企业创新，推动经济转型的重要机制；是提高金融体系配置资源效率的关键任务。

刘士余透露，在 2017 年 7 月召开的全国金融工作会议上，总书记再一次指出，资本市场是金融市场的短板，直接制约着去杠杆的进程，明确要求要将发展直接融资特别是股权融资放在突出的位置，加快资本市场改革。

一、IPO 审批制乃乱象之源

当然，注册制改革不仅是为了去杠杆，更是为了市场的长治久安。20 多年来，中国资本市场一直乱象重生，以至于被吴敬琏先生在 2001 年斥责为"连赌场还不如"，在 2010 年更提出中国股市仍处于"强盗贵族时代"，令人深思。

要根治资本市场乱象，必须从根本着手。IPO 审批制是乱象之源，不解决这一问题，资本市场难上正轨。

审批制是证券市场乱象之源。它扭曲了 IPO 供求关系，使得本应正常的融资行为变成了少数人的特权和一夜暴富的"范进中举"；它设置的所谓标准，把一大批真正优秀的公司排除在外，如腾讯、新浪等公司被迫境外上市，境内投资者却无缘分享其成长性；它导致了严重的超募现象，在不少民企为生存而向高利贷低头的同时，一些上市公司却囤积巨额资金无处可用，背离了优化资源配置效率的基本功能；它创造了"壳公司"价值，鼓励了眼花缭乱的重组行为，上市公司行为严重短期化，更易滋生内幕交易现象。

不仅如此，审批制也难以识别造假者。指望那些兼职的发审委委员在短短几天内消化招股说明书的海量信息和专业内容，几乎是不可能的。他们没有能力帮助投资者"选美"，而他们设置的任何标准（包括所谓高新技术、成长性）都难不倒胆大心细的造假者。其实，识别造假，主要应依靠深入的调查与知情人的举报。例如去年的胜景山河造假上市，先被发审委通过，后又在舆论压力下取消。记者去了一趟湖南，就发现这家公司"不靠谱"，但即使这些简单的调研，发审委委员也不可能去做，他们只能阅读那些按照他们的"审美观点"量身定制的招股说明书。

其实，投资"选美"是非常专业的工作。做好这项工作，不仅需要专业的能力与经验，还需要恰当的激励。风险投资就是这样的机构。如果发审委委员真有识别"优秀公司"的能力，他们早就自己去做风险投资赚大钱了。

二、注册制的本质是让市场发挥决定性作用

资本市场如何才能完成这艰巨而光荣的使命呢？

第五次全国金融工作会议有两句画龙点睛的话：

（1）市场导向，发挥市场在金融资源配置中的决定性作用；

（2）金融管理部门要努力培育恪尽职守、敢于监管、精于监管、严格问责的监管精神。

对于资本市场而言，"让市场发挥决定性作用"的必由之路是IPO注册制改革。在笔者看来，注册制改革的标准应包括：监管部门不得干预IPO发行节奏；监管部门不得对IPO进行"实质性审核"，也就是不得代替投资者选美；监管部门不得干预IPO融资价格、金额。

注册制改革的核心是证监会要正确地"有所为有所不为"，而

现状则是不该管的管了太多,该管的却没管好。

越位之一:对股价指数"忍不住的关怀"。本来股市涨跌是市场自身规律。证监会虽然未曾明确表示关注股价,但一遇到股市大跌就连夜研究出台对策已成常态,投资者自然会"观其行"。最典型的就是 2016 年 1 月初股市暴跌后证监会连夜宣布延长对大股东股票出售的"临时限制"。证监会这种做法,既缺乏对市场的敬畏,也是让自己背负"不能承受之重",可谓作茧自缚。

越位之二:IPO 审批。长期以来,证监会负责替投资者"选美",名为把关、实为寻租。不仅如此,证监会对发行节奏的控制,事实上扭曲了市场供求关系,导致股市市盈率长期处于"堰塞湖"状态。一方面,少数公司得以 IPO,犹如范进中举式地暴发;另一方面,排队者络绎不绝,股市融资功能严重萎缩。这直接导致IPO 审批权成为中国"含金量"最高的审批权。证监会曾经 9 次暂停 IPO,这应该是全球股市历史上的吉尼斯纪录。

越位之三:把股市作为政策工具。市场的灵魂在于公平。要维护公平,作为监管者的证监会就不能心怀杂念。但由于路径依赖的原因,股市长期被当成"政策工具":帮助国企脱贫、帮助国企改制、帮助中西部发展……接下来我们有理由担心股市再次成为"去杠杆的工具"。我们不反对更多企业发股票,但谁来发、何时发、发多少应该由市场决定,而不能由证监会指定或干预,否则股民将再次被"割韭菜"。

由于证监会把主要精力耗费在"越位"上,结果本职工作却被荒废了。

监管,本来这是证监会最重要的核心使命,但长期以来却被边缘化为最不重要的使命。证监会忙着审批、忙着调控股价、忙着实现政策目标，而对于监管既没有兴趣也没有精力。结果，证监会时常顾此失彼，而且一旦冲突往往牺牲的是"监管使命"。这导致证监会"行为紊乱"，证监会本身成为市场不确定性的制造者。在推进注册制的过程中，证监会应该把握好自身定位：

（1）敬畏法律与规则：稳定股市，关键是稳定长期预期，而稳定长期预期的关键是维护法律与规则的严肃性、一致性，而不能朝令夕改。记住，为了救市而随意出台"规则"，是自毁长城，一旦监管者丧失了信誉，投资者势必惶惶然不知所从。

（2）敬畏市场：股市发展到如今的规模，动辄上万亿的成交量，已非监管者可以操控的工具。违背市场规律，不尊重市场必定受到惩罚。敬畏市场，也意味着证监会应该摒弃"父爱情结"，要相信投资者会做出对自己负责任的判断。

（3）明确表态不以股价指数为政策目标：虽然发生系统性风险时，各国都普遍采取干预政策，但我们切不可把股市的系统性风险等同于金融体系的系统性风险。美国纳斯达克指数从2000年3月5048点的历史高位崩盘暴跌至2002年的1176点，下跌77%，这是不是系统性风险？当然不是，因为银行体系依然稳定！20世纪30年代大萧条当然是系统性风险，但这不是因为股价跌得多，而是因为银行体系受到冲击而使银行大量倒闭！因此，监管者不能轻易地把系统性风险当成救市的"挡箭牌"。

（4）回归监管主业：证监会应该知道，监管才是自己的主业，只是荒废久矣。搞好监管，就是要对违法违规行为零容忍，无论违法者的后台有多硬，都必须一查到底，否则股市三公原则从何谈起？

三、注册制改革的三大阻力

与 2005 年股权分置改革相比,IPO 注册制改革更加具有根本性意义。但是,这一改革的阻力也不容低估。

阻力之一:监管能否跟上。IPO 注册制改革是国务院力推的"放管服"改革的一个重要组成部分,既要"放得开",又要"管得好",有效的监管能力是 IPO 注册制的前提。在前段时间围绕"IPO 是否要暂停"的争论中,一个有争议的问题就是是否要先完善监管再推动改革。笔者认为,当前制约监管效能的因素,主要是执法的意志和定力,法律的不完善只是次要因素。要提高执法的意志和定力,关键在于:只有放弃 IPO 审批的诱惑,证监会才能回归监管主业。可以说,有效监管是注册制的必要条件,但注册制同样是有效监管的前提。

阻力之二:注册制恐惧症。不可否认,市场对 IPO 注册制改革存在恐惧心理,但这一点必须理性看待。首先,在审批制下,IPO 供求关系长期扭曲,导致股价堰塞湖,推进 IPO 注册制,意味着 IPO 供求关系回归正常,进而意味着股价重心的整体下移,市盈率的趋势性下降不可避免。但是,这是挤出泡沫的阵痛,拒绝面对阵痛,就等于是拒绝"股市正常化";其次,注册制不像大家担心的那么可怕。2005 年的股权分置改革是一个非常值得借鉴的改革案例:改革之前,所有人都担心大量非流通股上市会压垮股市,但是改革之后,由于总体预期变好了,信心改变了,大非不愿意减持了,改革不仅没有压垮市场,反而激发了一轮大牛市。

阻力之三:《证券法》修法。正在艰难推进的《证券法》修法,不仅关系到资本市场的基础性制度,也关系到以"功能监管"为核心的新一轮金融监管体制改革。具体而言,《证券法》修订要实现三大核心目标:第一,厘清政府与市场的边界,让上帝的归上帝、恺撒的归恺撒;第二,提高对资本市场违法犯罪的惩罚力度,改变过去"名为惩罚、实为奖励"的"挠痒痒"式执法力度;第三,扩大证券定义,为实施"功能监管"奠定法律基础。全国人大财经委副主任委员吴晓灵呼吁,"银行、证券、保险、信托和基金管理公司都在发行各自的资管产品,其特点都是集合投资,法律关系是信托,产品属性是证券。但由于认识的不一致,资管产品无法实行统一监管,非法从事理财业务也没有一个部门去查处。如果不明确其产品属性和法律关系,不明确一个监管部门监管,那么资管市场的监管套利是无法消除的。需要修改《证券法》,扩大证券的定义,把集合投资计划明确为证券,纳入《证券法》调整范围,由证监会统一监管"。

四、注册制改革的两大忧虑

忧虑之一:别再拿股市当工具。

2015 年 12 月召开的中央经济工作会议明确提出:2016 年的五大任务是去产能、去库存、去杠杆、降成本、补短板。要实现"去杠杆",其中一个有效途径就是扩大股票融资,因为股权融资可以降低企业负债率。

这一想法具有很大的合理性:第一,中国是以银行为主导的金融体系,这是导致企业部门负债率高的重要原因。而扩大股权融资,是一种对失衡的必要纠偏;第二,中国经济从制造迈向创新,未来大量创新类企业存在融资需求,而此类企业更适合股权融资。这也是为什么在深圳创业板之后,上海又跃跃欲试"战略新兴板"的原因所在。

　　笔者并不排斥借助股市来降低杠杆，但这应该是市场自发的行为和过程，而不能成为有关部门操作"去杠杆"的工具。一旦股市再度被"工具化"，那将是新一轮悲剧的开始；一旦管理层有了工具的想法，不难预期，那些负债过多但被政府认为重要的企业将优先获得融资机会。这是金融风险向股民的大转移。

　　忧虑之二：别再拿股市承受能力说事。

　　中国的注册制改革将具有哪些"特色"？证监会表示：注册制改革是一个循序渐进的过程，不会一步到位，对新股发行节奏和价格不会一下子放开，不会造成新股大规模扩容。

　　按照证监会的逻辑，"发行节奏不会一下子放开"，是因为股市承受能力有限。真的如此吗？笔者认为不是。

　　在一个有效率的股市中，股市价格（市盈率）当然会受到供求关系影响，但价格也会引导供求关系达到有效均衡。股价偏高时，愿意发行股票的企业自然会增加；而随着股票发行不断增多，股价自然就会下降；反之，当股价下跌过多时，愿意发行股票的公司会减少，甚至不少企业会主动回购股票，这样一来，股价自然又会上涨。千千万万个企业，正是在股价的引导下，自发地增加或减少股票发行，从而保持股价维持在一个相对合理的水平（既无明显高估，也无明显低估）。这一动态过程本身就是价格的发现过程，是股市有效的重要前提。

　　明眼人不难看出：所谓股市承受力其实是个伪命题。现在投资者总习惯于把"扩容"视为利空，那只能说明当前的股价太高了。既然是泡沫，其实总有被挤出的一天。因此，增加股票发行导致股价下跌，本身就是市场价格回归合理的一个过程。

　　因此，注册制改革不是增加 IPO 供给，而是让市场决定 IPO

供给多少才合理。

注册制改革即使导致股价下跌,也是价格发现的合理过程。而且,只有痛下决心搞注册制改革,中国股市才能告别低水平重复。注册制改革是短期阵痛,长期利好。

结束语

下一个五年,是党的十八届三中全会改革取得"决定性成果"的时期,是中国经济"大众创业万众创新"的时期,是供给侧改革持续纵深推进的时期。无论从服务经济转型的改革大局出发,还是从资本市场内在规律出发,资本市场都需要来一场深刻的制度性改革,而其核心就是 IPO 注册制。

改革才能释放制度红利。1986 年 10 月 27 日,撒切尔在英国发动了一场规模宏大的金融改革。这场改革不仅对英国传统金融制度产生了剧烈冲击,也深刻影响了世界金融业的发展,人们称之为"金融大爆炸(Big Bang)"。如果没有"大爆炸",伦敦就不可能有今天雄踞全球之首的金融中心地位。

推进 IPO 注册制改革,是一个充满短痛的"挤泡沫"过程,但如果能挺过这样的考验,中国股市就有希望浴火重生。拒绝阵痛,股市就难以"正常化",也无法摆脱低水平循环往复。

在这一"伟大的博弈"中,证监会应该告别"父爱主义"情结,学会相信市场的力量,对市场保持敬畏之心;应该学会克制干预市场机制的"动物精神",做好执法的本份工作。只有监管者回归监管本源,资本市场才能回归服务实体经济的本源。

第 13 章
从债券市场开放浅议建设更高层次开放型金融市场

万泰雷　陈　夙

作为全球第三大债券市场,中国债券市场对外开放的水平不断提升。习总书记在党的十九大报告中提出"主动参与和推动经济全球化进程,发展更高层次的开放型经济"。而发展更高层次的开放型经济,离不开更高层次开放型金融市场。在未来金融行业发展中,要"提高直接融资比重,促进多层次资本市场健康发展","深化金融体制改革,增强金融服务实体经济能力","健全金融监管体系,守住不发生系统性金融风险的底线",进而推动形成全面开放新格局。

一、高层次开放型金融市场的特征

纵观国际金融市场,高层次开放型金融市场一般具有以下特征。第一,参与主体国际化和多元化。高层次开放型金融市场会吸引更多的全球知名跨国企业参与金融市场,汇聚更多的全球顶尖金融机构和中介机构参与金融市场,逐渐形成国际金融中心。金融市场中的参与主体逐渐呈现国际化和多元化。例如,在美国国债市场的持有者结构中,40%—45%的份额由外国投资者持有。

第二,制度规则具有创新性与兼容性。制度规则有利于促进市场创新、提升效率,有利于国际机构参与,提高国际认可度。例如美国债券市场为了促进市场创新,形成市场分层,采取分层分类的发行规则,如公开发行、144A 私募发行、Reg S 发行。同时采取灵活的会计审计准则,允许本国会计准则、国际 IFRS、美国 GAAP 等会计准则等效。而且适用国际市场通行的惯例、法律文本和操作规则。

第三,汇率机制和跨境资本流动管理具有成熟性和灵活性。就汇率决定机制而言,当前主要国际货币如美元、欧元和日元等均采用自由浮动的汇率制度,即本币的汇率随着外汇市场上的供求浮动,货币当局较少干预。跨境资本管理方面,美国、日本等发达经济体主要通过市场自身调节,较少地采取行政管理管制,但保留必要时进行管理和干预的手段。

第四,衍生品市场发展成熟。高层次开放型金融市场拥有丰富多样的利率衍生品、信用衍生品、外汇衍生品等衍生工具产品,衍生品市场规模大,流动性好,被市场参与者广泛使用,能有效地对冲跨境风险。

第五,高层次开放型金融市场可以更加有效地支持实体经济发展和经济转型升级。以美国为例,一战前,美国金融市场借助欧洲资金,助推本国工业建设和金融市场发展,实现美国经济的快速发展。在大温和时代,美国依靠其发展成熟完善的资本市场,持续吸引外国资金流入,推动本国互联网产业发展,牢牢占据着全球产业链顶端。

第六,风险传染具有外部性和溢出性。开放型金融市场不可避免地与国际金融市场竞争与互动,一方面,承受全球金融市场的外部冲击;另一方面,自身市场波动也会产生溢出,影响外国金融市场。2008 年美国金融危机爆发波及全球金融市场,随后欧债危机爆发,美国、欧洲和日本等市场受到冲击,新兴市场国家也受到不利影响。2016 年英国脱欧引发不确定性和避险情绪,导致开放型市场国家的风险资产价格下跌,而 2017 年因地缘政治风险以及美欧等国家大选,影响全球开放型市场国家。随着全球金融市场互联互通的不断加强,风险传染将会愈发明显而频繁。

第七,拥有较高的国际金融治理参与度和较大的金融话语权。拥有高层次开放型金融市场的国家,大都是 BIS, IMF, G7, G20, OECD,世界银行等国际金融合作平台的主要参与者,是公司治理、反洗钱、会计准则、信用评级等规则的制定者,这些国家大都拥有完善的跨国监管合作机制,有利于促进金融市场的进一步开放。而且,全球投融资活动主要集中在高层次开放型金融市场,这些国家进一步拥有大宗商品定价权、货币定价权、利率定价权和信用定价权等金融话语权。

二、债券市场对外开放与建设更高层次开放型金融市场

随着我国经济体量的增大和对外金融联系的增强,我国需从经贸开放向金融开放迈进,提升整合全球金融资源的能力,实现更高层次开放型金融市场。在当前推进开放型经济格局的背景以及复杂的国内外经济金融形势下,债券市场开放有望成为我国金融市场对外开放的突破口,从多个维度促进实现更高层次开放

型金融市场。

首先，债券市场开放对整个金融市场开放起到基础设施建设作用。债券市场开放的过程，不仅仅是将境外机构吸引到本国债券市场的过程，更会引起国内市场规则惯例等的一系列变化，而这恰恰构成了中国金融市场开放的基础和内容。通过债券市场开放，市场化理念不断涌入本国市场、中资金融机构逐渐适应开放的金融业态、国内规则惯例逐步调整与国际接轨、金融基础设施的互联互通不断增强、货币跨境使用逐渐增多、跨境金融监管协调机制加强、进而在金融市场的不断开放中主动争取金融话语权，并参与全球金融治理，在全球规则制定中更好地把握自身权益。

其次，债券市场开放是建设开放型金融市场的重要领域，具有基础性、共通性、自主性、可控性。债券市场开放不仅为金融业整体开放提供基础理念、基础制度、基础设施，又为金融业整体开放解决共通问题、防范共通风险、实现共同目标，还可以自主发挥自身规模较大、机制健全的优势，提高对外开放的针对性、稳健性；同时，债券市场的参与机构多元、产品类型丰富、政策工具多样，可确保开放的规模可控、速度可控、方向可控、风险可控。

最后，债券市场开放与建设更高层次开放型金融市场具有共同的目标。债券市场开放可以充分利用国际国内资源支持实体经济发展，促进金融市场自身的完善与国际接轨。同时，"一带一路"倡议、自贸试验区等的实施离不开更高层次开放型金融支持，以债券市场为代表的市场化融资机制是助力"一带一路"建设融资的重要渠道，以缓和的方式推动更深层次的区域经济一体化，并进一步深化对国际金融治理的参与，这些与更高层次开放型金融市场的目标相一致。

三、当前债券市场开放的现状和问题

债券市场开放包括引入境外发行人、引入境外投资者和发展离岸人民币债券市场。近年来，在政策推动和市场需求的双重因素下，我国债券市场对外开放进展不断，稳步前进。

在引入境外发行人方面，人民银行等监管部门指导银行间市场交易商协会稳步推进熊猫债市场发展，目前银行间债券市场已初步完成了对境外发行人的开放，境外企业境内发债融资的渠道基本畅通。截至 2017 年 10 月末，共有 43 家境外机构在银行间市场进行债券注册或获得债券发行核准，境外发行人类型涵盖了国际开发机构、政府类机构、金融机构和非金融企业。截至 2017 年 10 月末，境外机构在银行间市场共获得债券注册/核准额度等值人民币 3 317 亿元，其中包括 3 121 亿元的人民币债券和等值人民币 196 亿元的 SDR 计价债券实际共发行 60 单，总规模为等值人民币 1 240 亿元。

引入境外投资者方面，目前境外投资者投资银行间债券市场已形成以境外三类机构、QFII、RQFII 为主的制度框架。但境外投资人投资规模仍远低于其他发达市场国家和发展较快的新兴市场国家。截至 2017 年 9 月末，参与银行间市场投资的境外机构投资者数量为 722 个，占银行间市场总投资者数量的 3.5%。投资者类型包括了境外央行、国际金融组织、主权财富基金、商业银行、保险公司、证券公司、基金管理公司及其他资产管理机构等各类机构。截至 2017 年 9 月末境外机构持有银行间市场债券（不包含同业存单）规模为 9 226.87 亿元，持有银行间国债规模 5 261.74 亿元。中国债券市场已成为境外机构投资者资产配置的重要场所。

从进入渠道看，境外机构投资银行间市场可通过直接开户模式、QFII/RQFII、债券通等三个渠道。其中，直接开户模式为目前最主要的渠道，QFII/RQFII 较少投资银行间债券，债券通是新增渠道。从评级机构看，根据人民银行 2017 年发布的第 7 号公告，对符合条件的境内外评级机构进入银行间债券市场开展业务予以规范。从承销业务看，汇丰银行、渣打银行、花旗银行、高盛高华等机构参与了政府类机构人民币债券的承销工作。汇丰银行、花旗银行、法国巴黎银行、摩根大通银行、渣打银行现已成为中国银行间市场交易商协会的承销类会员，可开展非金融企业债务融资工具承销业务。汇丰银行已获得 B 类主承销业务资格，可开展境外非金融企业债务融资工具主承销业务。从资本账户管理看，境外机构可以选择开立境外机构人民币银行结算账户（NRA 账户）或委托主承销商开立托管账户两种方式。

但不可否认的是，债券市场对外开放的过程中仍然面临诸多问题。在国内制度规则与国际接轨的问题方面，会计准则与审计监管存在等效性问题；而且，国内债券市场信用评级级别区分度不足，国内外信用评级体系标准的差异可能给债券市场投资者带来混淆和困扰；同时，信息披露的内容、语言和频率等方面也存在差异；相关法律适用性以及仲裁与诉讼等亦有差异。在未来，如何能把握好掌握规则主权、保护本土投资者利益与国际规则接轨之间的平衡，以开放促改革，这对监管者也是一个考验。

在衍生品市场发展方面，国内配套法律制度欠缺，而且对衍生品风险认识不统一。从对冲利率风险看，境内可供选择的对冲利率风险的衍生品单一，寻找交易对手方比较困难，不利于作为二级市场的对冲工具使用，境外投资者若想要使用 IRS 来对冲利率风险,面临制度规则问题和授信问题;从对冲信用风险看,国内信用风险定价机制相对薄弱,CDS 的需求方与供给方不平衡,法律方面的配套机制不完善,违约不能清晰界定,破产进程和破产损失率无法清晰预期;从对冲汇率风险看,国内汇率衍生品品种不够丰富、流动性不强,包括交易背景真实性审查、数据报送等在内的境外机构参与的规则不够明确。

在汇率机制和资本账户管理方面,需要把握在保留防范风险的主动性与赢得国际参与者对我国市场的信心之间的平衡,既不能在推动汇率形成机制的市场化改革中过度影响境外机构参与本国债券市场的预期,又要在开放资本账户的过程中,把握好节奏,增强境外机构信心,灵活防控风险。

在债券市场开放的过程中还存在诸多风险。尤其是市场开放程度不高时,境外战略投资者和投机套利参与者都会进入市场,境外主体进入带来机遇的同时,也伴随着各种潜在风险。如境外机构恶意做空中国的风险、引发市场剧烈波动的风险、全球信用风险加剧的风险等。

在跨境金融监管方面,存在诸多难点,如难以确认境外发行人的信息披露真实性;难以监控及调查境外投资人的信息;涉及境外发行人,尤其涉及主权机构发行人时,监管部门与自律组织在行使行业与自律监管的过程中较难管理;对于主要资产、机构和人员均不在我国境内的境外机构,我国监管机构将难以对其作出强制处罚执行的决定;对于跨境监管中的适用法律、仲裁与诉讼的方式,仲裁地的选择等问题,对境外投资人的监管漏洞可能导致跨境内幕交易、市场操纵等问题;从国际经验看,证券跨境监管的主要方式是签订双边谅解备忘录,但银行间债券市场目前还没有完善的跨境监管合作机制。

开放债券市场有利于引入境外资金、提升资金使用效率；有利于引进国外先进技术、融资工具和管理手段等，促进我国实体经济的发展；但不可否认的是，国际资本的大量流入、流出，可能会冲击整个国内金融市场，影响宏观经济的平稳发展。尤其是东南亚金融危机中显现的境外廉价资金造成国内道德风险、放大资产泡沫、增加金融空转投机等问题，需要引以为鉴。

四、债券市场开放的政策工具箱

从国际债券市场开放的经验看，开放总是利弊兼具，机遇和风险共存。在坚持对外开放的大方向时，需要不断总结调整，有灵活的政策工具箱应对各种场景。政策工具箱包括以下几个方面。第一是流动性提升工具，如国债收益率曲线、做市商制度、回购交易、准备金率等市场工具等；第二是基础设施工具，建设与完善基础设施工具，既能促进本国债券市场发展与完善，又能加强与国际市场的互联互通；第三是行政管理工具，如外汇管理、市场沟通与预期管理等方式；第四是税收工具，对缴税主体、缴纳程序、对境外参与者的税种税率等方面调节；第五是制度工具，如会计审计、法律与监管、信用评级和信息披露；第六是"软环境建设"工具，允许适度制度规则和系统平台英文化，合同文本标准化等。通过上述不同政策工具在不同场景应用，动态把握我国债券市场对外开放的节奏和方向，进一步推动建设更高层次开放型金融市场，形成全面开放的新格局。

（本文仅代表作者个人观点，不代表作者所在单位观点）

参考文献

万泰雷:《"一带一路"建设的市场化融资机制研究——以中国债券市场开放为视角》,《新金融评论》2015 年第 3 期,第 12—28 页。

万泰雷、李松梁、乔汉青:《银行间债券市场国际化与境外投资人》,《金融市场研究》2016 年第 3 期,第 31—38 页。

李松梁、万泰雷:《推进债券市场对外开放》,《中国金融》2015 年第 22 期,第 27—29 页。

第 14 章
金融监管改革:为什么改? 如何改?

钱军辉

党的十九大对健全货币政策和宏观审慎政策双支柱调控框架、健全金融监管体系、守住不发生系统性金融风险的底线等方面提出了新的要求。为完成这一历史性任务,金融监管改革势在必行。

实际上,当前的金融监管制度是在经济转型之初建立起来的,那时各个金融子行业的边界比较明确,金融创新和金融控股集团(Financial Conglomerates)尚处于婴儿期。而现在金融创新日新月异,金控集团也成为常态,因此旧的监管制度面临着巨大挑战。2013 年"钱荒"、2015 年"股灾"等事件,以及"万能险""现金贷"等问题金融产品和服务层出不穷,已经暴露出当前监管制度的缺陷。

面对金融创新的挑战,现有监管体系缺乏快速应对能力,有如下根本原因:首先,金融创新经常呈现出模糊的金融业态,难以归类到传统三大金融行业,即银行、保险、券商中,而现有的分业监管部门(银监会、保监会、证监会)相互之间存在沟通、

协调和协作障碍;第二,监管部门容易因监管的专业化而导致
监管的狭窄化,缺乏跨专业监管的人才,更缺乏培养和保留跨
专业监管人才的机制;第三,由于相同的原因,各专业监管部门
对金融机构的监视和数据搜集容易狭窄化,容易无视金融创新
带来的挑战。

金融控股集团的迅速发展也让现有监管制度面临巨大挑战。
实际上,除金控集团的发展外,银行、保险和券商等不同业态金融
公司相互战略持股合作也同样构成挑战。首先,金融控股集团的
发展让监管套利更为方便。第二,因为来自行业的压力,以及监
管部门本身的地盘意识,监管部门会倾向于放松对相应行业的监
管。第三,金控集团的存在,以及全行业的金融创新,使监管部门
的责任模糊化,弱化了对监管部门的问责。最后,对金融控股集
团来说,碎片化的监管成本较高,也需要提高监管的效率。

在此背景下,本文探讨金融监管改革的任务和重点。笔者认
为,金融监管改革的首要任务应该是提高金融监管的全面性。为
提高监管的全面性,金融改革的重点应放在改善专业监管的协调
机制,以及改革人事和薪酬制度上,从而保留和培养金融监管
人才。

一、金融监管的全面性

金融监管的全面性既表现在被监管对象(机构和个人),也表
现在被监管的行为上,还表现在监管方式上。

从监管对象看,金融监管应该既包括传统的银行、保险、券商
三类金融机构,也包括其他从事金融活动的机构(如互联网金融、
民间配资机构等)和个人。对金融机构而言,首先要严格把握准

入，正如周小川的表述，"搞金融的都要持牌经营"①。严格准入有两个效果，第一可以过滤一些有污点的机构（比如创始人有过欺诈行为），第二可以提高牌照价值，从而约束已经通过准入的金融机构。其次，金融机构的总体杠杆、期限和流动性错配程度要合理，尤其是具有系统重要性的金融机构，要有较宽的安全边际。

很显然，金融改革要关注的是银行保险券商之外的金融机构，避免监管空白。而这个任务既要求监管部门时刻关注金融业态变化，动态调整（扩大）监管范围，也要求各个专业监管部门（或团队）跨部门合作，制定合适的监管措施。这个任务对监管人才的要也非常高，不仅需要有专业能力，而且要有积极性和开拓性，还要能在利益方的利诱下坚持原则。因此，监管人才的培养和激励也是金融改革应当关注的。

从机构行为（业务）看，全面性不仅要求严格监视和惩处违法违规行为，而且要甄别异常经营行为，防患于未然。对银行来说，不仅要关注其资产（贷款）质量，也要关注其负债端的活动，防止期限和流动性的过度错配。例如 2013 年 6 月的"钱荒"，就是由一些商业银行的期限和流动性过度错配造成的。

对保险公司来说，不仅要重视其负债端的风险，也要关注其资产端的活动，防止风险过度累计。比如在负债端，大量出售短期的"万能险"，实质上使保险公司的负债表在期限和流动性结构上接近银行，同时又不受与银行负债（存款）相应的监管（存款准备金率），于是让保险公司变成影子银行。同样地，大规模举牌上市公司就是可疑的保险公司资产端活动，尤其是用激进的方式

---

① 周小川：《牢记使命担当　建设现代金融体系》，紫光阁微平台（中央国家机关工委官方微信），2017 年 12 月 7 日。

(拉涨停)在二级市场快进快出。这会让保险公司的资产表更接近对冲基金而不是保险,与保险公司负债表能承受的风险不匹配,尤其是影子银行化的保险公司负债表。

券商、信托等金融机构也是如此,要对它们的所有活动作有效监控,核心是防止这些持牌的非银金融机构成为影子银行。跟"保险姓保"的要求一样,要确保券商和信托的业务限制在传统范围内,杜绝通过所谓金融创新而影子银行化。

从监管方式看,全面性要求监管部门对金融控股集团实行综合监管(Consolidated Supervision),一方面消除可能的监管漏洞和监管套利机会,另一方面提高监管效率。监管效率既表现在监管部门通过整合数据库、信息技术以及行政开支等,实现统一监管的规模效应,减少监管成本;也表现在监管部门整合数据搜集和报表要求,减少金融机构服从监管要求的成本。

可以看到,在现有"一行三会"监管体系下,全面监管所面临的挑战巨大。但是金融监管改革并非只是选择一种监管体系或模式。事实上,在金融创新日新月异和金控集团成为常态的当下,分业监管(如美国和中国)和统一监管(如英国和中国台湾地区)均承受巨大压力。过去在防范和应对金融危机的经验中,两种模式也均有成功和失败之处。在维持当前监管体系的前提下,金融监管改革仍有可能有所作为,实现较为全面的金融监管。笔者认为,金融监管改革应该有两个重点:首先,改善分业监管部门之间的协调机制,第二,改革金融监管部门的人事和薪酬制度。

二、协调机制改革

虽然本文强调金融监管的全面性,但是专业性显然也十分重要。而专业性要求监管人对某行业，甚至对某类金融业务，进行长期研究和跟踪，这正是分业监管模式的形成逻辑。成功的金融监管必须兼顾监管的专业性和全面性，这在监管制度设计上意味着实现分业监管模式和统一监管模式之间的调和（Tradeoff）。在我国当前的分业监管体系下，最明显的改革是加强分业监管部门之间的协调机制，使之有效地运作。

监管协调机制首先应明确金融控股集团的监管主体，制定对金控集团的监管方法。基于监管的全面性原则和提高监管效率原则，用较低的监管成本，有效约束金融控股集团的"金融创新"。如果监管的全面性和监管成本之间无法调和，那么应当考虑将所有金融控股集团拆分，并且禁止其他金融主体跨部门经营。

有效的协调机制必须有有效的信息共享机制。比如关注股市杠杆水平的证券市场监管团队（证监会），必须能从银行业监管团队（银监会）得到银行和非银机构的相关数据。同样地，关注银行资产负债表的监管团队必须能得到券商资管和基金子公司（均受证券市场监管团队的监管）的数据。

新的协调机制（相对于之前的"一行三会"部际协调会议）可以设置一位负责人，接受上级（比如人大或国务院）授权和问责，拥有对分业监管团队监督和问责的权力。同时，可以参考"金融卫士"（Sentinel）提议①，建立对监管机构以及协调机制进行监督的独立机构，定期向社会发布金融监管的评估报告，并建议未来金融监管改革方向。

新的协调机制可以负责人为首，建立统一的研究中心，为所

---

① Ross Levine, 2012, "The Governance of Financial Regulation: Reform Lessons from the Recent Crisis", *International Review of Finance*, 12(1):39—56.

有专业监管团队提供研究支持。该研究中心能获得各专业监管团队所搜集的数据,比较独立地开展与金融市场和政策相关的研究。研究人员应该公开从国内外人才市场招聘,不进入行政编制,但可以效仿高校校长聘任制(Tenure)建立长期留用制度。协调机制和金融卫士负责人也可以公开招聘,经全国人大确认,并采用较长任期。

三、人事和薪酬制度改革

金融监管的模式和结构并非万能,成功监管的关键在于吸引和培养高水平的监管人才。金融监管改革应该在人事和薪酬制度方面有所创新,不拘一格吸引人才,并大幅提高薪酬待遇,让人才安心地在监管部门工作。

成功金融监管的前提是发现和评估问题,而这需要监管人员有相当的独立性。监管部门的人事制度应与对独立性的要求相契合,允许监管人员有其他可选的职业路径,因而敢于挑战成见和上级的主观判断。尤其是关键岗位的高级监管人才,应尝试打破编制和行政级别的限制,尝试从市场公开招聘,并允许他们离职重返市场。多元化的职业前景不仅是年轻人挑战权威的底气,也是年轻人成长的根本激励。切不能以"防止人才流失"的名义阻止人才流动,这会让监管部门在职场上失去吸引力,让监管人员不敢提出独立见解,让年轻人失去学习成长的动力。当然,高级监管人才重返市场应有一定限制,比如从监管部门离职后不能到被监管公司就职,至少要经过一定期限,以防止监管人和被监管公司之间的利益交易。

相应地,薪酬制度也应该有所创新,应打破一般公务员标准限制，使薪酬标准参考市场水平制定。实际上，目前公务员和国企高管工资普遍偏低，这导致政府部门和国企员工士气低落，大量人才流失。这种状况不能持续，迟早要改革，否则不仅无法维持公共服务质量，官员腐败问题也会恶化。央行和金融监管部门作为跟市场最接近的政府部门，完全可以在人事和薪酬制度改革上率先突破，为其他政府部门的人事和薪酬改革提供经验。

总结

可以说金融业是现代经济最重要的部门。金融稳健，国民经济就稳定，金融脆弱，国民经济就容易出现过热和萧条。稳健的金融能帮助企业和居民分散和抵御风险，脆弱的金融会加速和加深实体经济出现的风险。而稳健的金融只有依靠全面有效的金融监管。

因为杠杆和暴利的存在，一点点监管漏洞就会成为大门，因此笔者认为金融监管改革的首要任务是提高金融监管的全面性。为提高监管全面性，金融改革的重点应放在改善各专业监管的协调机制，以及改革人事和薪酬制度，从而保留和培养金融监管人才。只有保留一支既有专业能力，又有职业精神的金融监管突击队，才有可能成功监管日新月异的金融业，使之更好地为国民经济服务。

图书在版编目(CIP)数据

新时代开启中的金融改革:结构重整与制度创新/
潘英丽,黄益平主编.—上海:格致出版社:上海人
民出版社,2019.1
(中国经济开放论坛)
ISBN 978-7-5432-2920-4

Ⅰ.①新… Ⅱ.①潘… ②黄… Ⅲ.①金融改革-研
究-中国 Ⅳ.①F832.1

中国版本图书馆 CIP 数据核字(2018)第 190448 号

责任编辑 钱 敏
装帧设计 路 静

中国经济开放论坛

新时代开启中的金融改革:结构重整与制度创新

潘英丽 黄益平 主编

出 版 格致出版社
　　　　上海人人大出版社
　　　　(200001 上海福建中路 193 号)
发 行 上海人民出版社发行中心
印 刷 上海商务联西印刷有限公司
开 本 890×1240 1/32
印 张 8
插 页 2
字 数 175,000
版 次 2019 年 1 月第 1 版
印 次 2019 年 1 月第 1 次印刷
ISBN 978-7-5432-2920-4/F·1158
定 价 48.00 元